観光学の今を問う

前田勇インタビューからひもとく観光学の原点

安村克己

[著]

学文社

はじめに

本書の目的と作成の経緯

　本書の目的は，"観光学の原点"に立ち戻り，観光学"本来のあり方"を問い直すことにある。「観光学"本来のあり方"があるとすれば，それはどのような"あり方"なのか。」この問いへの回答について，"観光学の原点"に準じて現在の観光学が抱える課題を洗いだし課題解決の糸口を探ることが，本書の目的である。

　本書の目的は，並行して進められる2つの作業で到達される。ひとつの作業は，前田勇先生（立教大学名誉教授）が取り組まれてきた観光の研究と教育，いわば〈前田観光学〉（以下〈観光学〉とする）の全貌を明らかにして"観光学の原点"をみきわめる。そしてもうひとつの作業は，〈観光学〉を準拠枠として，日本観光学の現状を点検し課題の解決を追求する。

　本書が観光学"本来のあり方"を問う契機には，次のような疑念がある。「日本観光学は21世紀以降に多くの研究者が研究に取り組むようになって活況だが，観光の現実を本気で解明するつもりがあるのか。」この挑発的な疑念の裏側には，現時点（2020年）の観光学において"観光学の原点"にあった何かが欠落してしまった，という筆者の思いがある。観光研究は，"観光学の原点"において，〈観光なんぞが学問の対象になりうるのか〉という周囲の嘲笑にひたすら抗いながら"大衆観光"を探究し，さらに"観光の理想的な発展"の模索と構築にも一役買ってきた。

いまの日本観光学は“観光学の原点”を見失ったため，一見して盛況にみえるが，その学問としての展開が滞っていないか。この疑問を確かめるために，本書は〈観光学〉から“観光学の原点”の様態をあぶりだし，現行のとくに日本観光学の問題点を見直したいと思う。

　なお，ことわっておくが，如上の挑発的な疑念はあくまでも筆者個人の思いである。“観光学の原点”を語っていただく前田勇先生の日本観光学への思いは，本書で直接問うてはいない。その思いは，先生の語りによっておのずと明らかになるであろう。

　本書が〈観光学〉を描きだす方法については，前田勇先生から私が“聴き取り”をすることにした。“観光学の原点”をなんとか探るために，ご自身から〈観光学〉のいろいろな話題を聴き出したいと考えた。

　しかし，この“聴き取り”は，筆者にとって何とも重荷である。実際，観光学にとどまらず碩学泰斗の見解を，浅学非才の筆者がしっかりと汲み取れるのであろうか。こういう不安がいつも筆者に付きまとった。

　それでも，前田勇先生が 2017 年 11 月 3 日「文化の日」に「瑞宝中綬章」を叙勲されたのを機に，観光心理学の展開から築かれた観光学，すなわち〈観光学〉の世界をなんとか急いで整理し，その観光学の意義を世に問いかけようと筆者は意を決した。その叙勲により，あらためて社会に広く評価された前田先生による観光研究の成果から“すぐにでも”観光学の現状を再考し，観光学の今後を展望したいと考えたのである。その作業は観光学の発展にとって焦眉の急である。

本書は，すべての観光研究者，なかでも初学者やこれから取り組もうとする研究者を読者に想定して編まれている。観光学に興味や関心のある一般の人たちにも"本物"の観光学を知るために読んでいただきたい。本書によって，観光学という学問の性格と意義が浮き彫りとなるであろう。

観光学の原点としての前田観光学

前田先生の〈観光学〉を本書で"観光学の原点"とみなすにあたって，ご自身と，観光学に関連する功績，経歴，研究・教育姿勢などを簡単に紹介しておきたい。

先生の功績は，"観光心理学の体系化"と同時に，その体系化を"観光学の対象領域全体"にまで敷衍した〈観光学〉によって具現されており，その研究と教育が観光学の発展として広く一般に認知されたことが，「瑞宝中綬章」を叙勲される事由となった。

叙勲を"聴き取り"で取り上げることについては前田勇先生ご自身が固辞されたので，叙勲に至った偉業を筆者なりに振り返りながら〈観光学〉研究の足跡を本編に先立ってまとめておく。

叙勲理由は，日本観光学の構築とその普及に多大な功績を残されたことである。その功績は，観光学における研究と教育において，主に次ページ表の4点に集約される。

これらの功績には，長年にわたる産官学連携や立教大学大学院観光学研究科博士前期・後期課程の設立などにも取り組まれ，大きな成果を収められてきたことも含まれる。その業績は日本観光学全体の発展に及んでいる。〈前田観光学〉が日本観光学の基礎にあると言っても差し支えない。そして，いうまでもなく，構築はいまもなお進行中である。

研究活動の功績

① 「観光心理学」を体系化してひとつの研究分野として確立した。
② 消費者行動研究と観光心理学との複合分野としてサービス研究にも取り組み，独自のサービス評価理論を確立している。

観光教育の功績

③ 多くの学生ならびに外国人留学生を対象として多年にわたって全人的教育に取り組んできた。
④ 大学を辞した後も卒業生をはじめ他大学関係者・社会人を含む多くの希望者を対象として生涯教育に取り組み「教育を通して共育を図る」という目標を実践し続けている。

　このような功績のうえに成り立つ〈観光学〉の内容を明らかにしたうえで，その構築過程から観光学が創設された"原点"に立ち返り，それによって観光学の現状と今後を展望しようというのが，本書の趣旨である。

　本書が"観光学の原点"としてこだわるのは，それが理論的かつ実践的に体系化された，世界でも希有な観光学だからに他ならない。"観光学の原点"としての〈観光学〉研究の特徴については，本書の第Ⅰ章から第Ⅳ章までの議論で明らかにしたい。

前田勇先生の経歴

　1959年に立教大学文学部心理学科に入学して心理学を学び，卒業後には立教大学心理学研究室に在籍した。その後，株式会社社会調査研究所でマーケティングの実務に携わった。前田先生が観光研究において縦横無尽に駆使する社会調査の質的・量的技法は，この間に磨きがかけられたものと考えられる。

　観光学の研究と教育に取り組むようになる契機は，1966年に訪

れた。同年に，観光学科の創設を前提として立教大学社会学部産業関係学科の専任講師に招致された。翌年1967年に社会学部観光学科が設置されたのに伴い，同学科に移籍した。この時期に，観光学の研究と教育に着手したことになる。その経緯については，後に本編（第Ⅱ章）で前田先生から詳細に語られる。

　立教大学社会学部観光学科において，観光学の研究と教育に専心された。その間に，講師から助教授を経て1975年に教授となった。1996年頃から立教大学大学院観光学研究科の設置に尽力し，1998年に観光学部・大学院観光学研究科が認可されると，その新学部・新研究科に移籍した。2003年3月，40年にわたる立教大学の教職を辞して立教大学名誉教授となり，現在に至っている。大学在職時には，大学だけでなく学会，産官学連携などにおいても，観光学の研究と教育に活躍されてきた。さらに前田先生の研究・教育活動はいまなお続いている。

少年期と理論構築のエピソード

　時間は前後するが，前田勇先生は1935（昭和10）年，東京に出生された。幼年期から少年期は，第二次世界大戦への軍靴の足音が響き始めた戦前から，戦禍の深刻となった戦中，そして敗戦までの時期に重なっている。1945年の終戦時に10歳であるから，先生の少年期はまさに戦中であった。

　前田先生から，当時の戦争にまつわる話を耳にした憶えが筆者にはないが，先生の少年期は父上の仕事の都合で引越しが多く，日本各地を転々としたという話は聴いている。そのような少年期の境遇において，サービス研究の洞察が始まっていたというエピソードがある。このエピソードは前田先生の立教大学最終講義の記録に残さ

れていて，少々長くなるが引用しておきたい。

　私は子どものころ……と申しましても実は戦前の話ですけれども，観光，そして今でいうサービスというものには比較的多くかかわりをもっておりました。小学校に入るか入らないころから，サラリーマンをしておりました父親がいわゆる転勤時代，次々と2年くらいごとに転勤していく時代となってしまいまして，あちこちへと移転しました。当時はもちろん単身赴任といったようなことはありませんし，トラックで荷物をすぐに運んでくれるような便利な運送会社もありませんので，引越の前後はいつも旅館住まいでした。転校してからしばらくの間，旅館から学校に通うということもよくありました。父親の転勤先が宇都宮，仙台といった近くに有名観光地があるところが多かったこともありまして，子どもながら，いろんな観光地，そして旅館などを利用した経験がございます。観光行動の心理学的研究から始まりまして，後に観光研究の一部と消費心理学というものを合体させる形でサービス評価研究というものに取り組むようになったことにも，子どもながらに感じたサービスのよい悪いというものにたいする体験がかなり影響しているように思っています。
　今でも鮮明に覚えておりますのが6歳のときのことです。仙台で父親に三越デパートに連れて行ってもらったときのことでした。食堂でねだって，チキンライスとアイスクリーム——今でもよく憶えているのですが——をとってもらいました。私が先に運ばれていたチキンライスを食べておりまして，最後のひとかけらを口に運んでスプーンを置くか置かないかをまるで見ていたかのようにスッとアイスクリームを出されたことの感激は今でも忘れられないのです（笑）。当時のデパートの食堂は今と違って大変に小さかったのですけれども，黒服を着た人が子どもの私にも丁寧に応対してくれたことを覚えております。このことが実は，後でサービス研究のなかで，「個別化の理論」というものを考えるようになった出発だったのだろうと思っています。

　デパートの食堂における"前田少年"の姿を頭に想い描くと，筆者はおもわずほくそ笑んでしまうのだが，それはともかく，"前田

少年"のこの体験は，その後に前田勇先生のサービス研究における
「個別化の理論」として実を結ぶこととなる。

　「個別化の理論」とは，顧客のサービス評価において，サービス
提供者による顧客への"個別化の適否"がその評価の決定的条件に
なるという視点である。すなわち「個別化の理論」は，顧客がサー
ビスを「自分のためにしてくれたと感じる」ことによってそのサー
ビスを"よい"と評価する点に着目する。少年期の体験から生まれ
た「個別化の理論」は，独特の情報収集法，綿密な観察力，鋭敏な
洞察力などから生み出される独自の理論構築の一事例にすぎない。

　前田勇先生は，常にあらゆる方向にアンテナを張り巡らせてさま
ざまな情報を感知し，それらを豊かな学術的知見によって裏づけて，
独自の理論を次々に提唱されている。その情報源は，常人にとって
は何気ない日常の体験から公的な統計データやメディアの情報まで，
ありとあらゆる領域に及ぶ。そうした体験や情報は，全方向へ不断
に発信される関心によって，どのような事柄にも広くかつ深く，研
究活動だけでなく普段の生活においても収集される。集められた情
報は，鋭い観察力と洞察力を通して研究成果に結びつけられている。

研究と教育への姿勢

　先生が主唱する独自の理論は数多く，しかもそれらの理論の対象
事象は観光学の全領域に及ぶ。それらの理論から導かれた知識構成
体が〈観光学〉研究の確固たる礎として形成された。〈観光学〉研
究の構築は，厳格かつ徹底した，そして自由な発想の研究姿勢に貫
かれている。その研究姿勢には，何事にも真摯かつ鷹揚な人柄が投
影されている。

　前田先生の人柄は，観光教育や研究指導にも反映している。かつ

観光教育は観光研究を志すすべての人に開かれていて，観光研究を志す学徒は誰もがその門を叩くことができる。観光研究への志がある限り，個人の経歴や状況に関係なく，分け隔てなく受け入れられ，先生の指導が受けられる。

その研究指導もまた，厳格かつ徹底的であり，同時に学徒には自由な研究が保障されている。その厳しく鋭い指導には，追従する学徒でさえも，ときにたじろいでしまう。しかし，先生の指導には指導される者の立場や状況が配慮されており，学徒の境遇を思いやる深い優しさが常にある。

おそらく先生の深い優しさはご両親やご家族に由来するのだ，と思う。ずっと以前に懇談の席で"サービス"や"ホスピタリティ"の研究を話題にしたさい，先生が「家族を通して伝えつづけられる関心事や価値観があるものだ」と語られたことがあった。そのときの話から，父上と母上が"いたわり""感謝""善行"という価値観を先生に伝えられた，と筆者は知った。先生の〈観光学〉研究の"サービス"や"ホスピタリティ"には，常にそれらを基礎づける社会関係が前提とされ，その社会関係には家族伝来の"いたわり"や"感謝"といった価値観が反映されていると考えられる。そして，そのような価値観から生まれる深い優しさは，指導を受ける学徒にも注がれる。

だから研究者ばかりでなく，あらゆる職種や職位の社会人が観光学の研究指導を求めて先生の下に集う。また，その交友関係は多方面に及び，きわめて広い。そして，先生と追従者との交流は，研究の場面に留まらず，しばしば私事にまで及んでいる。

こうして，先生のあくなき〈観光学〉研究は，それ自体が有する学術的意義だけでなく，その人柄や研究姿勢も相俟って多くの観光研究者に多大な影響を及ぼしてきた。観光学の形成期に育てあげられた〈観光学〉は，現代観光学が誕生した“原点”に立ち帰るとき，観光学の存立意義を解明するのに最適な手がかりとなる。

　本書は，このような〈観光学〉の創始者でもある前田勇先生ご自身の語りによって，現代観光学が形成されるに至った“原点”にさかのぼりながら，“観光学の今後の転回”を探ろうとするのである。

2023 年 3 月吉日

安村　克己

目　　次

はじめに　1

Ⅰ. 観光学の出立点 ……………………………………………………13
　1. 日本観光学の創設 ……………………………………………14
　　1-1. 日本初の観光学科創設の時代背景　14／1-2. 観光学科の
　　設置認可申請　16／1-3. 観光の大学研究教育制度の発展　18
　2. 教科書からみる〈観光学〉研究の形成 ……………………19
　　2-1. 『現代観光総論』の誕生まで　20／2-2. 『観光概論』の編
　　纂　22／2-3. 『現代観光総論』の刊行と刷新　25
　3. 〈観光学〉研究における「観光」の意味 …………………29
　　3-1. 〈観光学〉の認識根拠と実在根拠　29／3-2. 観光研究の
　　実在根拠と認識根拠の関係　34
　4. 「観光学」という用語の意味 ………………………………39
　　4-1. 個別学問としての観光学　39／4-2. 観光学の成立不可能
　　性とその理由　40／4-3. 本書における「観光学」の使用法　47

Ⅱ. 〈観光学〉の観光研究 ……………………………………………51
　1. 〈観光学〉研究への助走 ……………………………………52
　　1-1. 観光心理学の誕生前夜　52／1-2. 観光心理学の誕生　54
　2. 〈観光学〉研究の成立 ………………………………………56
　　2-1. 起点としての消費者心理研究　56／2-2. サービス研究の
　　深化とサービス評価理論　61／2-3. 観光行動研究への展開と
　　〈観光学〉研究の成立　63
　3. 〈観光学〉の展開 ……………………………………………65
　　3-1. 観光効果論の主唱　65／3-2. 〈観光学〉研究の多様な研
　　究テーマ　68

　　4.〈観光学〉の方法論 ……………………………………………72
　　　4-1. 学際的方法論　72／4-2. 観光研究法の追求　74／4-3.
　　　観光研究の手続き　76／4-4. 観光研究における "歴史の視
　　　点"　83

Ⅲ.〈観光学〉の観光教育 ……………………………………………89
　　1. 大学観光教育の展開 ……………………………………………89
　　　1-1. 学科設置時の観光教育　90／1-2. 学科生の誇りと自負
　　　91／1-3. 観光教育と教育スタッフ　94／1-4. 大学院観光教育
　　　への展開　95
　　2.〈観光学〉による教育の実践 …………………………………98
　　　2-1. 観光教育の指導法　99／2-2. 卒業後も続く卒業生教育
　　　101／2-3. 留学生への観光教育　103
　　3. 大学教育を超えた観光教育と勇朋会 ……………………… 105
　　　3-1. 研究者への観光教育　105／3-2. 社会人への観光教育
　　　108／3-3. 勇朋会という勉強会　108
　　4. 大学観光教育についての課題と新構想 …………………… 118
　　　4-1. 大学観光教育の課題　118／4-2. 職業教育としての観光
　　　教育　119／4-3. 観光七科の構想　122

Ⅳ. 観光学の原点回帰 …………………………………………… 127
　　1. 観光学に内在する課題 ……………………………………… 128
　　　1-1. "学術" と "実務" の折り合い　129／1-2. "理論" と "実
　　　践" の歩み寄り　138
　　2. 日本観光学の制度上の課題 ………………………………… 148
　　　2-1. "国産" 観光学前史　149／2-2. 観光研究の国際化　154
　　　／2-3. 学会本来の役割　158
　　3. 観光の原点としての〈観光学〉からの教訓 ……………… 165

おわりに　171
付録—「観光」に対する期待（前田勇）　181

Ⅰ．観光学の出立点

　前田〈観光学〉については，本書全体を通して縷々明らかにされるが，この第Ⅰ章は，つづく第Ⅱ章から第Ⅳ章までの前段として，日本観光学が成立した状況と〈観光学〉が形成された経緯とを明らかにする。

　"日本観光学の成立"については観光の研究教育制度が設置された過程をたどり，また"〈前田観光学〉の形成"（筆者安村提唱）については，その集大成された観光の概説書『現代観光総論』（学文社，1995 年初版，2015 年より新版『新現代観光総論』）が編纂され改訂され続けている過程をたどる。

　前田勇は，観光の研究教育制度を築いた中心的な当事者の一人であり，創始者でもある。そこで本章は，"聴き取り"によって，当時から現在（2020 年）までのヴィヴィッドな状況が浮かび上がることを意図した。

　このように"日本観光学の成立"と"〈観光学〉の形成"を踏まえたうえで，次に本書で用いる"観光と観光学の意味"を明らかにする。とくに〈観光学〉によって明らかにされた"観光の学術的な意味"と"観光学という学問の性格"とを，本書の基礎知識として読者との間で共有しておきたい。

1. 日本観光学の創設

安村　はじめに，日本観光学が形成される出発点となった——そして，それは〈前田観光学〉（筆者安村提唱）の形成される出発点でもあるのですが——「立教大学社会学部観光学科」の開設についてお尋ねします。

1-1. 日本初の観光学科創設の時代背景

安村　前田勇先生は，立教大学社会学部観光学科の開設準備から立教大学大学院観光学研究科の創設まで，観光学の研究教育制度づくりにずっとかかわってこられました。まず，日本観光学が本格的に開始された立教大学社会学部観光学科の開設について，観光学科設置の"時代背景"や"社会背景"などについてお話しいただけますか。

前田　ご承知のように，1964年に「東京オリンピック大会」が開催されました。この時に観光にかかわる教育を行っていた大学等はごく限られており，「東京YMCAホテルスクール」と「立教大学ホテル講座」の2か所だけでした。

　東京YMCAホテルスクールは日本で最も古いホテル教育機関でして，1940年に開催が予定された第12回オリンピック大会（東京）に向けて開設されたものでした。

　一方の「立教大学ホテル講座」は，第二次世界大戦後まもない1947年4月に，山口正造氏の遺志を受け継ぎ，立教大学に開設したものでした。山口氏は，立教大学を卒業され，世界各国での生活を経験した後にホテル事業に取り組まれました。そして，日

本で揺籃期のホテル事業のリーダーとして大活躍され，さらに次代の人材育成を図るために"ホテルスクール"を1929年にご自身の施設内に開設されました。山口氏は惜しくも終戦直前に病没されましたが，ご遺族と日本ホテル協会の方が1946年に立教大学を訪れ，母校の立教大学でホテル教育を続けるように依頼されたとうかがっています。

「立教大学ホテル講座」は，1947年の発足時より立教大学の学生だけではなく，他大学の学生，さらに社会人も受講することのできる"オープンスクール"を特徴としていました。2年間の教育課程を終えると立教大学から"修了書"を与えられるということもあって，平和が蘇ったばかりの日本社会において，夢と希望を与える"新しい学びの場"として受け止められ，開講以来，毎年度多くの受講生を受け入れていました。

この2つの機関で学んでいた学生たちが東京オリンピック（1964年）準備委員会からの要望に応じ，大会運営を支えて選手村に設置された食堂施設等を手伝う役割を果たしました。東京オリンピック大会終了後，「観光に直接かかわる教育を行う学科を，欧米諸国に倣って日本も大学に設置すべきだ」という意見が学内外から寄せられるようになりました。

安村　日本において"観光"に関する大学教育の機運が高まったということになるのですね。

前田　その通りです。当時の観光にかかわる社会状況をみますと，外国からの訪問客がオリンピック大会を契機として徐々に増加するようになりましたが，それ以上に"観光"に密接にかかわる条件の変化がみられるようになりました。

まずオリンピック開催年に国民の海外渡航が自由化され，また東海道新幹線の開通，高速道路整備の本格化など，国民が観光に参加できる時代に近づいてきました。このような社会状況の変化も関係して，国民の観光にたいする理解を高め，将来の発展を図るためにも，観光について総合的に学ぶことができる学科・コースを4年制大学に開設すべきだという声がさらに強まってきました。

　当時，立教大学にはすでに20年に近い教育実績があり，関係図書等が多数所蔵されていましたので，立教大学に観光の関係学科を設置することが最も現実的な方策であるとの意見が出されました。そして，その意見は関係する多くの人々から賛同をえました。そのような社会的要請に応えて，立教大学は学内で協議を重ねた結果，最も歴史の新しい社会学部が中心となって学科開設について検討するのが適当との結論に達して，社会学部長を委員長とする設立準備委員会が設置されることになりました。

安村　当時の社会背景と立教大学社会学部内に「観光学科」が設置されるようになった理由などを初めて知りました。

1-2. 観光学科の設置認可申請

安村　その後の文部省への新学科申請は順調に進められたのでしょうか。

前田　"観光"を教育・研究の対象とする"新学科"の開設に関しては，文部省側も比較的好意的に対応され，申請手続きはスムースに進行しました。しかし，大詰めの段階になって"ある問題"をめぐって設置についての審議はかなり難航しました。

安村　難航した"ある問題"とは何だったのでしょうか。

前田 それは"学科名称"についてです。母体となった講座は名称が「ホテル講座」でしたので，申請でも「ホテル・観光学科」の名称で申請しました。なお，申請時点において，ホテル事業は観光事業に密接にかかわっていることから，講座の名称もすでに「ホテル・観光講座」に変更されていました。「申請学科名では認可するのは難しい」とされた理由のひとつは，学科名称の"カタカナ表記"が適当ではないと判定されたことでした。

ずっと先のことですが，2000年代以降には，学科名だけではなく学部名にも"カタカナ表記"も認められるようになりました。しかし，当時は不適当とされていました。

もうひとつは，「ホテル」という呼称が宿泊業全般を対象とする「旅館業法」においては旅業業の中の"業態のひとつ"を意味する呼称とされており，宿泊施設一般に適用される用語ではないため，学科名として用いるのは好ましくないという指摘でした。

申請側と認可側双方が納得・了解した結論に達することができないうちに"時間切れ"となってしまったため，1966年4月新学科開設は不可能となりました。しかし，"観光"分野の新学科設置そのものは了承されていたため，既存学科の中に暫定的に"新コース"を設置して，新学科が正式認可後に在籍学生の転科を認めるという措置を採ることが了承されました。

このような経過によって1966年4月，社会学部産業関係学科に「ホテル・観光コース」を設置することが認められました。次年度早々，何回かの論議を経て，事業名ではなく，社会事象を表現した「観光」を用いて「観光学科」とすることが正式に決まりました。そして翌1967年4月，観光学科としての入学者を迎え

るとともに，前年度に産業関係学科「ホテル・観光コース」に入学した学生全員が2年生に転科したことによって，観光学科は2年生・1年生の2学年が同時に誕生することになりました。

安村　立教大学の観光学科の設置にそのような経緯があったことも，初めてうかがいました。

1–3.　観光の大学研究教育制度の発展

安村　その後，立教大学に続き，これまでに多くの大学に観光学系の学部や学科が誕生しましたね。

前田　1967年に立教大学に観光学科が文部省から認可されたのですが，その後日本で2番目の（4年制大学で）観光系学科ができるまでに8年かかっています。それが横浜商科大学ですが，実は「貿易・観光学科」が名称でして，観光の専門家がまだ少なかった時代なので貿易の教員を多くするなど，苦労があったようです。それから，なんと16年間，観光系学科は設置されなかったのです。そして，立教にできてから24年後になってやっと3番目の学科ができたということです。

　ところが，それから後，わりに早く毎年1校ずつくらいできるようになります。94年まで1校ずつできまして，5校あったのです。ですから94年の時点で立教大学を含めて6つありました。

安村　そして，立教大学の観光"学科"は，"学部"に改組されましたね。

前田　観光学科が誕生して30年近くなった頃になると，学科を学部にしようとの意見がでてくるようになり，1996年頃から学科内で検討が始まりました。そして，1998年に立教大学観光学部

と大学院観光学研究科博士前期・後期課程が文部科学省から同時に認可され設立されました。

　立教大学が観光学部の設置を申請している最中に他大学に認可された学科が，2つできています。立教大学に観光学部ができるときには，観光関係学科が全部合わせて8校あるという状況でした。その後，さらに急増するようになります。

安村　立教大学に1967年に観光学科が設置され，それが先駆けとなって他大学にも "観光学" の大学研究教育制度が展開されてきた経緯がわかりました。そして，1998年には立教大学に観光学部と大学院観光学研究科が開設して，日本観光学の研究教育制度が名実ともに確立されたのですね。

　観光の大学研究教育制度が構築されるのに伴い，"観光学の研究と教育" が推進されてきたと考えられますが，そのさい，観光の研究でも教育でもやはり立教大学の観光学科が先導してきたという現実があります。

　また，そのなかで〈前田観光学〉が形成されてきました。次に，〈前田観光学〉による "観光の概説書" であり "観光学の教科書" でもある『現代観光総論』（学文社，1995年に初版，2015年から『新現代観光総論』）の編纂と上梓の過程についてうかがいます。その〈前田観光学〉の歩みと関連して，さらに日本観光学が発展した足取りも明らかにしたいと思います。

2. 教科書からみる〈観光学〉研究の形成

安村　立教大学社会学部観光学科が開設されて，前田勇先生は，30

歳代の初め，まさに而立の御歳の頃，"日本観光学の構築"に邁進されました。心理学をベースとしたご自身の研究領域を深化されるのと同時に，〈前田観光学〉の体系化を精力的に推進されました。その体系化のプロセスについては，第Ⅱ章（〈観光学〉の観光研究）で詳細にお話しいただきます。

　もちろん，観光学構築の事業には前田先生の先輩，同僚，後輩も関与されましたが，それから今日まで，先生が日本観光学の形成を牽引されてきたといっても過言ではありません。

　ここでは，日本観光学の形成に関連させて，先生の編著で 1995 年 4 月に出版された教科書，『現代観光総論』についてお話しいただきます。といいますのも，『現代観光総論』によって〈観光学〉研究の全体像がひとまず完成され，日本観光学の探究しようとする"観光"の見取図が描かれたと考えられるからです。すなわち『現代観光総論』において，先生の〈観光学〉研究と日本観光学における研究対象の全域が暫定的にせよ明示され，そこに学術的な"観光"の意味が体系的に説明されたとみなされます。

2-1.『現代観光総論』の誕生まで

安村　前田勇先生が編著者である『現代観光総論』は，日本で最も代表的な"観光の概説書"です。それは中国や韓国でも翻訳されています。その初版から今日（2020 年）まで，およそ四半世紀にわたり，『現代観光総論』（以下，『総論』）は，観光の動向や観光研究の成果に応じて内容を書き換えられ，常に最新の事例やデータに刷新され，新旧のテーマも入れ替えられています。

　このように上梓された『総論』という概説書は，当然，一般に

高く評価され学生にも好評です。個人的なエピソードなのですが，私が以前に在籍した大学で観光学概論の授業に『総論』を教科書に用いたところ，後になって受講した数人の学生から個別に話があったのですが，「他の教科書は後輩にあげたり古本屋に売ったりしたけれど，『総論』だけは手元に残している」と言われました。授業の単位を取り終えて教科書をすぐに処分してしまうのはどうかと思いますが，学生の話から「学生もよい教科書でしっかり学ぶのだな」と，『総論』の教育効果について何か妙に感心したのを憶えています。

　『総論』はこれからも"観光の研究と教育"に重要な役割を果たし続けるはずですが，『現代観光総論』や『新現代観光総論』という観光学の概説書や教科書を，どのような"思い"を込めて編纂されたのでしょうか。『総論』以外の教科書の編集や内容などとも絡めてお話しください。

前田　"観光の教科書"作成に私がかかわったのは，『現代観光論』（有斐閣，1974 年）の編纂が最初でした。

　観光学科の設置は 1967 年に認められたものの，当時，大学での授業に相応しい教科書がまだないことを私は強く懸念していました。できるだけ早く"観光"に関する標準的テキストを刊行しなければ，と常に思っていました。

　そこで，大学テキストシリーズを出版していた大手出版社に，同社から著作を出版しておられた指導教授に仲介をお願いし，出版社に出版企画書を作成・提出しました。「将来大きな発展が予想されている分野だが，日本ではまだどこからも出版されていない」との私の説明に担当者の方は興味を示され，具体的協議を行

う段階へと進むことができました。

　観光を構成する要素や支える事業などは多岐にわたりますので、概念や歴史など基本となる部分は別として、要素・事業別に複数の執筆者が分担執筆することになるため、専門性と知名度がある適当な方に編者をお願いすることが必要と考えました。検討した結果、元国立大学教授で観光計画を含む国土計画論の専門家に相談にうかがい出版意図などを説明したところ、「主旨はわかるが編集実務は貴殿が担当した方がよく、名前だけの編者なら引き受けよう」との返事でしたので、やむをえず私が編集実務を受けもつことになりました。

　編集作業は表面的には比較的順調に進行しましたが、実は最大の問題は、私自身がこの時点では観光全般にたいする知識・経験ともに不足しており、執筆内容に疑問があるような場合でも、再検討や修正を求めることがなかなかできないことでした。

　『現代観光論』は予定通り出版され、一応の評価を得ることはできました。しかし、編集にかかわった立場からみると、大学生が学ぶことが必要とは言いがたい記述・表現も多くみられ、さらに事物や仕組み等にたいする評価が不統一であったり、使用用語が適当ではなかったりと考えられる記述もあり、全体的に"統一性の欠如"を認めざるをえない結果でした。

2-2.『観光概論』の編纂

安村　『現代観光論』の次に前田先生が編著者となられた観光学の教科書が、『観光概論』（学文社、1978年）ですね。

前田　はい。『現代観光論』の出版は、観光にたいする関心と理解

を高めるうえで大きな意味をもっていました。しかし、わかりにくいという声も聞かれるようになり、そうした点を是正するために新たに編纂したのが『観光概論』でした。

　大学生が観光を理解するために記述を必要不可欠な事項に限定し、執筆者全員が内容すべてを討議して検討し直すという手続きをへることを基本としました。また巻末には"観光の概念"に関するさまざまな説明を記載し、併せて参考文献や世界の観光に関する大学等の案内も収録しました。記述内容には各執筆者の得意領域の関係からやや偏りがみられる面もありましたが、全国の大学生たちからわかりやすいと支持され、かなり版を重ねることができました。

　しかし、初版から10年余りが経過すると、観光事象・行動の変化はさらに顕著なものとなり、記述と実態との間にもズレが生じるようにもなったのです。さらに、内容を構成する各章の関係が必ずしも明確にされていないという弱点もみられるようになってきました（同書は本文15章・〈付：観光研究のてびき〉から成る）。そのため1990年代に入ると、"新しい発想"にもとづく観光概論書の編纂についての検討に取り組み始めるようになりました。

閑話風解説（I-1）教科書の刊行と観光学の誕生

　前田勇は、1974年に『現代観光論』（有斐閣）の編纂にかかわり、1978年に『観光概論』（学文社）、1995年に『現代観光総論』そして2015年には新版の『新現代観光総論』をそれぞれ上梓して〈観光学〉研究を確立したうえで、観光が時代とともに変化するのに応じて〈観光学〉を再構成した。

ここで注目されるのは，アメリカ観光学の典型的な教科書 *Tourism: Principles, Practices, Philosophies*（John Wiley & Sons）の初版が 1972 年に出版され，今日まで改訂され続けていることである。初版はマッキントッシュ（Robert W. McIntosh）の単著であったが，その後，1980 年代にゲルドナー（Charles R. Goeldner）との共著となった。さらに，1990 年代にはマッキントッシュ，ゲルドナー，ブレント・リッチー（J. R. Brent Ritchie）の 3 名による共著となり，最新版では 2003 年からゲルドナーとブレント・リッチーの共著で出版され，現在（2020年）まで 12 版が刊行されている。

　教科書 *Tourism* がマッキントッシュとゲルドナーの共著となった当時，立教大学観光学科のある研究者が「ゲルドナーのおかげか，*Tourism* が以前より学術的になった」といったのを耳にして，私も同様な感想をもったのを憶えている。

　いずれにせよ，教科書 *Tourism* は観光のほとんど全領域が網羅されている初学者用の概論書であるが，それを『現代観光総論』と比べると，*Tourism* では観光の実務に重きがおかれていて，学術的な部分についてはその内容が必ずしも体系的に構成されていない。

　ともかく，マッキントッシュの教科書 *Tourism* は，前田の教科書『現代観光総論』よりも 20 年あまり早く刊行されたわけだが，『現代観光論』（有斐閣，1974 年）や『観光概論』（学文社，1978 年）とはほぼ同時期の出版である。そして，日本観光学の形成に教科書の必要性を真っ先に察知し，その出版に奔走したのは前田であった。

　このように観光学の本格的な教科書がアメリカと日本で同時期に出版されていることで何がわかるかといえば，観光学の学術的な全体像つまり“観光”研究の射程が確定され始めた時期は日米でほぼ同時であった，ということではないだろうか。

　一般的に新たな学問が普及した時期は，教科書の刊行年によって

おおよそ明らかになると思われる。というのも，そのような教科書によって，学問の研究事象とその範域がほぼ定まり，それらの研究成果が体系的にまとめられ，学問の存在が一般に広く認知されるからだ。

　そうだとすれば，観光学は日米でほぼ同時期にそれぞれ独自に学問の体系化がなされたと考えてよい。少なくとも，前田が構想した〈観光学〉は，1978年に『観光概論』でひとまず構築されて，後に彫琢され，1995年に『現代観光総論』において，その後も"観光"事象の変化にしたがって常に再構成されているものの，一貫して"観光"の体系的な知識構成体を提供している。

2-3.『現代観光総論』の刊行と刷新

編纂の方針

安村　いよいよ『現代観光総論』（学文社，1995年）の刊行となるわけですね。

前田　このような経緯から，1992年に，『観光概論』（1978年）に代わる新しい概論書として，1995年に『現代観光総論』を刊行することが決まりました。

　『現代観光総論』は，「第Ⅰ部：観光とは」「第Ⅱ部：観光と社会とのかかわり」「第Ⅲ部：人間生活における観光」「第Ⅳ部：観光を支える社会システム」の4部から構成され，各部は5つの章から成り，全体として20章から構成されています。さらに各章末尾には，内容に関係する歴史的なエピソード，重要事項に関する補足説明，最近の動向などを記載し，利用者が興味をもつことを意図して頁を設けました。

さらに，原則として毎年ごとに小改訂を加えるとともに3〜5年ごとには執筆内容の全文または部分変更を図ることとし，観光の状況をできるだけ迅速に，常に正確に記述している書物であり続けることを編集・出版の目標・課題としました。

　結果として1995年（初版）から2009年までに計16回改訂を加え，2010年からは「改訂版」として2012年まで3回改訂しましたが，2015年からはついに書名を『新現代観光総論』に改めることになり，現在はその〈第3版（2019年8月）〉となっています。

　初版から最新版までの間，内容が大きく変更されていない歴史関係の章も一部ありますが，ほとんどの箇所は事象そのものの変化や社会・自然環境などの影響によって変容していることを著す内容となっています。

安村　前田先生が『総論』を不断に改訂される理由は，"観光"事象が不断に変化する状況をとらえ，その変化の実態や意味を『総論』に反映させ明らかにしていくため，ということですか。

前田　その通りです。『総論』が観光全般を解説する概論書であるとみた場合には，観光にかかわる社会的環境が大きく変化していることは否定できない事実なのでして，この点を考慮に入れて改訂を続けております。

安村　確かに改訂の要点は，観光事象の最新情報が盛り込まれるという変更であり，また"観光や観光研究の最新動向"が常に反映されるような変更です。私も『総論』初版から執筆者の一人に加えていただきましたが，数年ごとに章や節の全面的な書き換えが，先生から各執筆者に求められます。章や節が追加されたり，削除

されたりする場合もありますね。

　改訂の度に先生から指示をいただくわけですが，執筆についての細かな指図があるわけではありません。"改訂の基本的な方針"が示唆されるだけで，各章の担当者は改訂の趣旨をしっかり踏まえて，自身の責任で執筆できます。このことは，執筆を担当する観光研究者にとって，とても効果的な"観光の研究教育"だと思います。

　そして，そうした編集スタイルが，『現代観光総論』から『新現代観光総論』まで，永く観光教育の典型的な教科書としての評価をもたらす要因のひとつだと考えられます。

前田　『総論』は「観光が人間行動の一形態であるとともに，現代社会を動かす仕組みと密接にかかわっており，さらにビジネス活動をはじめさまざまな社会・経済活動によって成立している社会事象である」ことを説明する書籍として，大きな役割を果たしてきていると思われ，今後もそうありたいと考えています。

安村　確かに『現代観光総論』（学文社，1995年，新版2015年〜）は，〈前田観光学〉の成果にもとづき，先生の観光の研究と教育にたいする"思い"や"姿勢"が結実した成果です。現代観光の現実が変化するなかで，その変化を研究しながら，その考察結果を教科書に反映し続けるという点では，他の学問分野を見渡しても類書がほとんどありません。

　『総論』が刊行された1990年代半ば頃には，観光に関する概論書もいくつか出版されています。しかし，それらの多くの概論書には，先生が『総論』の「はしがき」で指摘されておられるように，「内容的に優れた面がみられても，その基本的な構成では，

閑話風解説（I-2）　『現代観光総論』の編纂方法と〈観光学〉研究の構造

　観光学の教科書としての『総論』は，〈観光学〉研究を具現した知識構成体の記述であり，また『総論』の作成は，編著者の前田の構想にしたがって，複数の分担執筆者によってなされている。その編纂は，研究対象としての「観光」の領域全体から前田が各テーマを選択し，テーマごとに適任の分担執筆者を選定して進められる。そして，選定された分担執筆者がそれぞれのテーマについて著述する。

　その分担執筆者は，前田から大学院や研究会において観光研究の指導を受けた，〈観光学〉を会得した研究者である。それらの研究者の研究領域は，前田の専攻する心理学ばかりでなく，社会学，人類学，経営学，環境学，歴史学，等々の広範囲に及ぶ。

　こうして，『総論』は，前田の構想にもとづきながら，薫陶を受けたさまざまな社会科学分野の研究者が分担することで作成されるのであり，その意味で，『総論』に体現された〈観光学〉は，後述（4-2）の"学際的研究"の観光学という構造をもつとみなされるかもしれない。

　『現代観光総論』と『新現代観光総論』には，私も初版から3章分の執筆を担当した。執筆にあたっては，全体の明確な企画の主旨や編集方針，執筆担当部分ごとの詳細な目標などが，前田から各執筆者に提示される。複数の執筆者で編集される書籍とはこのように作られるものだ，と私は合点した。

　そして，改訂するたびに，各執筆者が改訂の主旨と全体の構成を理解したうえで，原稿を作っている。こうして，分担執筆者は，前田から観光教育を受け，鍛えられ，各人が教科書の分担執筆を通してそれなりに成長した。

観光をそれぞれの事業論として説明したり，国内観光と国際観光を分けて独立に論じたりするなど，旧来の発想のままで観光をとらえる傾向」がありました。

『総論』は，〈観光の全体像を浮かび上がらせる〉ために従来の観光概論書にはない"新しい視点"を導入しています。そして『総論』にこそ，いったん完成された後に"観光"事象の変化に応じて再構成される"未完のプロジェクト"である先生の〈観光学〉研究が具現されています。

3. 〈観光学〉研究における「観光」の意味

安村 前田先生が手がけられた観光学の教科書『総論』には，〈前田観光学〉から体系的に導き出された"観光の意味"が盛り込まれています。そこで次に，『総論』に描きだされた"観光の意味"についてうかがいたいと思います。

まずは〈観光学〉研究において"理論的"かつ"実証的"にとらえられた学術的な「観光」概念についてお尋ねします。

3-1. 〈観光学〉の認識根拠と実在根拠

認識根拠と実在根拠の考え方

安村 観光研究者は，観光研究において，研究対象を客観的にとらえる"認識根拠"（Erkenntnisgrund）と，研究対象の研究が社会的に価値や意味のあることと判定する"実在根拠"（Realgrund）とを提示すべきだ，と私は考えています。

前田 "認識根拠"と"実在根拠"というのは，ヴェーバー（Max

Weber）が歴史学の方法論として議論した考え方ですね［→閑話
風解説（I-3）］。

安村　はい。私は，社会科学としての観光学にも，その考え方が適
用されると思います。そこでお尋ねします。

〈観光学〉の認識根拠

安村　前田先生は，観光研究で〈研究対象を客観的にとらえる〉ため
の"認識根拠"において，"観光"をどのようにとらえられて
きましたか。

前田　観光とは「産業化が一定以上の段階に到達した社会において
急速に普及した余暇行動の一形態であり，日常的に経験すること
が困難な事物・事象に出会うことを最大の特徴とするもの」と，
1960 年代末の当時から私は説明しています。

安村　今うかがった先生の〈認識根拠による「観光」の定義〉に
は，現代観光が出現した社会背景と，余暇行動としての観光の特
殊性が端的に示されています。

前田　観光研究に関してまず求められるのは，"観光行動の成立条
件と過程"を明確にし，観光行動として総称されている行動の範
囲と類似する行動との異同を判定する条件の確定であると考えて
いました。というのは，当時「観光」という言葉は現在以上に曖
昧で"歓楽"と同意語のように用いられる傾向があり，「歓楽（ビ
ジネス）について大学で研究するとは……」との批判・嘲笑も少
なくなかったのです。

　最初に研究課題とした事柄についての"一般解"は，1970 年
代半ばに明らかにすることができ，すでにお話のあった，1974
年に上梓した著作『現代観光論』に収録されています（「観光欲

求と観光行動」『現代観光論』第3章，有斐閣，1974年）。

〈観光学〉の実在根拠

安村 なるほど。そして，観光研究の"実在根拠"についても，前田先生は観光の"認識根拠"にもとづく定義とほぼ同時に提示されていますね。

前田 "実在根拠"にもとづく"観光行動の意味"に関しては，それ以前に観光専門誌に寄稿した論説「〈観光〉に対する期待」（『季刊 horizon』No.7，観光産業研究所，1970年）があります。その論説は，〈人間が"観光"に楽しみを求める〉また〈"観光"が人間に楽しみをもたらす〉という主旨を論じました。

安村 いま先生からご紹介のあった論文「〈観光〉に対する期待」には，〈前田観光学〉が"観光"を研究対象としてとらえるさいの"実在根拠"が明確に示されていますね。この論文で，先生は，"観光"と"観光行動"の積極的な"意味づけ"を示唆しておられます。

前田 そういえるかもしれません。

安村 「〈観光〉に対する期待」は，先生が半世紀近く前に著わされた論文ですが，観光学における"観光"の意味を問い直すために，観光研究者がいまの時点（2020年）にこそあらためて読まなければならない論考だと私は思います。ところが，その論文はいまや入手が難しいので，本書の「付録」として掲載させていただきます。

　この論文で先生が示唆されている"観光"の概念は，観光者が〈主体的にみる〉〈主体的に楽しむ〉というような，"観光"のもついくつかの積極的な意味や価値に期待する"実在根拠"にもと

づくものと考えられます。

　このように，いま観光研究者の間で"観光の意味"がいろいろと問い直されるなかで，先生は，半世紀も前の1970年に"研究対象としての観光"の"実在根拠"を求める考察によってその明確な"意味づけ"をされ，そのうえで"観光の認識根拠"を探って，今日（2020年）まで実証的な研究を積み重ねてこられました。さらには，観光行政や観光事業にかかわる実践的な研究活動にもずっとかかわられてきました。

　先生の〈人間が"観光"に楽しみを求める〉また〈"観光"が人間に楽しみをもたらす〉という論説，「〈観光〉に対する期待」（『季刊 horizon』No.7，観光産業研究所，1970年）で示された"観光の実在根拠"は，研究当初と今とでは何か変わっておられますか。

前田　"観光"について，観光研究の"基本命題"としたものということで，観光研究の"実在根拠"は変わっていないと言ってよいと思っています。それは「人は何故"楽しみの旅"をするのか」「その旅はどのように計画・予定されたのか」「旅をしたことによって何を得たと思うか」という一連の問いにたいする回答であり，それを人間行動の形態として説明できるようにすることです。

閑話風解説（I-3）観光研究の実在根拠と認識根拠

　観光学が「観光とは何か」という問いに答えるさい，研究者は少なくとも"2通りの答え"を用意すべきだと考えられる。その"2通りの答え"というのは，ヴェーバー（Max Weber）の用語に倣えば，一方で〈研究対象を客観的にとらえる〉ための"認識根拠"（Erkenntnisgrund）にもとづく"答え"と，もう一方で〈研究対象

の研究が社会的に価値のあることと判定する〉ための"実在根拠"（Realgrund）にもとづく"答え"とである（ヴェーバー，M.『歴史学の方法』祇園寺信彦・祇園寺紀夫訳，講談社学術文庫，1998年）。

　ヴェーバーによれば，社会科学の研究対象である社会的な現象全般，すなわち複数の人がかかわって生じる心理的，文化的，経済的な社会現象にはすべてに価値や意味が交錯するので，社会科学の研究は研究対象を客観的にみる"認識根拠"だけでなく，研究対象が研究にとって有意味であることを示す"実在根拠"も明らかにしなければならない。そして，当然，社会科学の研究成果は"認識根拠"と"実在根拠"にもとづいて提示される。

　そこで，社会科学としての観光学もまた，"観光"の意味を"認識根拠"と"実在根拠"に照らしてとらえる必要があると私は考えている。観光学の"認識根拠"は"観光"事象を社会科学の方法論によって論証されることで確定されるが，その"実在根拠"は観光の現実が歴史的に変遷し，また研究者個人の哲学的思考によって措定されるので，取り扱いが難しい。しかし，偉大な社会科学の業績は，大抵，研究の"実在根拠"が研究対象の"認識根拠"によって裏づけられている。そして，観光学においても，研究者は"実在根拠"と"認識根拠"にもとづいて"観光"を探究すべきであろう。

　前田勇は，心理学を専攻していたので，観光研究では"観光心理学"を専門領域としているが，これまでみたように"観光の全体像"を体系的に構築する〈観光学〉研究のなかで，専門領域を中心にさまざまなテーマを探究してきた。そして，〈観光学〉研究における"観光"の定義には，"認識根拠"と"実在根拠"がそれぞれに提示され，両方の"根拠"が相互に結びついている。

3-2. 観光研究の実在根拠と認識根拠の関係

基本命題としての実在根拠

安村 なるほど，〈観光学〉研究における"観光研究の実在根拠"は，「人は何故"楽しみの旅"をするのか」などの"基本命題"として，観光行動とその関連事象を実証的に探究する"観光研究の認識根拠"と結びつけられたのですね。

前田 ただし，本格的に観光研究に取り組むようになった 1970 年頃の"観光行動・事象"にたいする理解を顧みると，「人は何故"楽しみの旅"をするのか」などの"基本命題"は多分に抽象的・理念的なもの，よい表現を用いると純粋（pure）だったように思います。50 余年の経験にもとづいて考えると，実際に成立し体験したものは，さまざまな現実的諸条件との関係において形成されたものでして，"観光"に関する満足はどの程度までを許容できるのかによってそれぞれに異なるものであることがわかります。観光研究とともに取り組んできたサービス研究によると，この問題はさらに複雑になります。

　私は，物事にたいする満足・不満足は，行動主体の感受性の影響を強く受けるとして「観光における満足とは行動主体の主観的評価である」と説明していまして，"豊かな観光"を実現するためには観光にかかわるさまざまな事柄にたいする感受性を高めることが必要である，と主張してきました。感受性は人それぞれによって異なる"個性"であり，「万人が同様に満足するものは存在しない」という考え方によっています。

　しかし，さまざまな娯楽提供ビジネスは，"楽しさ""面白さ"などの個人的感情をコントロールすることによって，〈皆と同じ

ように実感できる〉情緒的安定を与えており，娯楽施設だけではなく"観光"にかかわる観賞対象全般にもこのような考え方が広がりつつあります。このような状況変化をふまえると，観光研究における"基本命題"について，観光の意義を高めるために有効な，実現可能な方策等を講じることがあらためて課題として登場しているのです。

安村　娯楽提供ビジネスについての先生のご指摘は，ホルクハイマー（Max Horkheimer）とアドルノ（Theodor Adorno）の『啓蒙の弁証法─哲学的断想』（徳永恂訳，岩波文庫，2007 年）で"啓蒙の退落形態"として批判された「文化産業（Kulturindustrie）」の議論とも結びつきそうですが，〈観光の意義を高める方策を講じる〉という課題のご指摘は〈前田観光学〉の基本命題ならではの着想と考えられます。

認識根拠による理論と実在根拠による実践

安村　いずれにしても，やはり観光学の"認識根拠"と"実在根拠"の関係から観光研究の"理論と実践"の関係も生まれるのですね。すなわち観光研究の"認識根拠"にもとづいて誘導された"理論"的結果が，"実在根拠"から誘導された観光の意味を"実践"するために適用されると考えられます。

前田　ただし，私が観光研究に取り組みだして 30 年位後になると，"観光"という言葉の意味もかなり変化し，文化的活動の一形態として研究することも盛んになってきましたが，「何を明らかにすることを目的とするのか」が必ずしも明確ではなく，研究者それぞれが対象について自分の興味や関心に従って〈語っている〉というような観光研究も少なくないように思われます。

安村　“観光”の現実が時代とともに変化して，観光研究の“実在根拠”が揺れ動き，観光研究者がそれぞれに自身のとくに“文化的”な興味や関心で“観光”を語っている，ということでしょうか。

　　先生がおっしゃることを，私も強く感じています。とくに現在の観光学では，研究対象である観光の“実在根拠”つまり「研究対象としての観光はどのような価値や意味をもつのか？」という観光研究の“基本命題”に無頓着で，さらに観光研究の“認識根拠”をめぐる方法論にさえも無関心な研究者が少なくないようです。

　　しかし，先生の“観光の実在根拠”としての“基本命題”は，いまも変わっていないということですね。

前田　はい。

観光の実在根拠としての人間的効果？

安村　先ほど〈観光学〉研究の“基本命題”をうかがったときに思い出したのですが，以前，先生との雑談の折に“観光効果論”が話題となり，先生が“観光の人間的効果”という言葉で少し冗談めかしておっしゃったのを覚えています。

　　先生はつとに“観光効果論”を主張され，観光の“経済”効果だけでなく，観光による“文化”や“環境”への効果も指摘されました。先生の“観光効果論”を主張されたのは，1974年の『現代観光論』においてですね。

前田　ええ，その通りです。

安村　先生の“観光効果論”については，第Ⅱ章（観光研究と観光学，3-1.）で，詳しくお話しいただきますが，『現代観光論』の論文では，観光の“人間的効果”はみあたりません。

　　先生は，事実認識と価値判断を厳しく区別される，つまり“認

識根拠” と “実在根拠” の研究を峻別される，ヴェーバーのいう “価値自由（Wertfreiheit）” の研究態度を貫かれています。ですから “観光効果論” においても，しっかりと検証される “経済”“社会”“文化”“環境” などへの観光の効果については学術の場で公表されていますが，観光による “人間” への哲学的な効果というか，検証不可能な効果については，学術誌などにはあまり報告されていないのではありませんか。

前田　たしかに “観光の人間的効果” の話は，観光研究の “実在根拠” にかかわるテーマになるのでしょう。“観光の人間的効果” は，「観光によって人間は何を得られるのか？」あるいは「観光は人間に何をもたらすのか？」という問いによって解明される “効果” です。さらに安村さんが専攻する社会学からみれば，「多くの人が観光というものの意味を考えることのできる社会とはどんな社会か？」という問いになるかもしれません。

　ともかく，“観光の人間的効果” の問いは，先に述べた私の観光研究の “基本命題” としたものとなります。そして，観光の意味と意義を理解し，“よりよい観光のありかた” について考えることが，現代に生きるすべての人々に共通する課題のひとつとなっているのです。

安村　なるほど，先生のお考えになる，〈観光学〉研究における「観光」の意味がよくわかりました。次に「観光学」という用語についても，先生のお考えをうかがい，“観光学の意味” を確認したいと思います。

閑話風解説（I-4）　前田の〈観光学〉とマキァーネルの観光学における実在根拠の同型性

　前田が提示する〈観光者が主体的にみる・主体的に楽しむ〉という観光の"意味づけ"つまり観光研究の"実在根拠"は，マキァーネル（Dean MacCannell）が2011年に刊行した *The Ethics of Sightseeing*（University of California Press）で主張した〈観光者が主体的にみる観光〉の意味に通じると私は思う。

　その著書で，マキァーネルは"観光の意味づけ"つまり〈研究対象としての"観光の実在根拠"が"消極的ないしは受動的"〉だとして，アーリ（John Urry）などの観光研究者をかなり厳しく批判している。たとえば，アーリは〈観光を"日常からの逃避"という行動〉としてとらえ，"観光"研究の有意味性を「近代において〈労働〉という本質的活動を比較してとらえるため」という"実在根拠"を提示した。このような"観光研究の実在根拠"にマキァーネルは反論して，観光の"みる"側面と，それにかかわる"倫理"を指摘しながら，"観光"が"個人のしあわせ"や"社会の連帯"にかかわるような"主体的ないしは能動的な意味づけ"をして，"観光研究の有意味性"つまり"観光研究の積極的な実在根拠"を主張する。

　"観光の実在根拠"を明らかにして，マキァーネルは観光研究の対象を指示するのに従来使ってきた"tourism"という用語を，"sightseeing"に置き換えると主張している。

　マキァーネルが新たに〈観光者の主体的なみる・楽しむ〉という観光研究の実在根拠を提示し，それが前田の従来から提示していた観光研究の実在根拠に近づいた事情は，現在の観光研究を再考するうえで興味深い。すべての観光研究者は，自らの観光研究において"実在根拠"をあらためて確認すべきではないだろうか。

4. 「観光学」という用語の意味

安村　これまでの議論では，「観光学」という言葉をかなり無造作に用いてきました。たとえば本書のタイトルに「観光学」が使われ，また先生の観光研究と観光教育についても〈前田観光学〉とよばせていただきます。そして，これから先も「観光学」と「観光研究」という言葉をときに互換的に，またときには区別して用いていくことになりそうです。

　そこで，本書における「観光学」という用語の"使い方"を明らかにしておくことにします。

4-1.　個別学問としての観光学

安村　私には"観光学"の構築というテーマを熱心に主張した時期がありました。1990年代半ば頃です。私がこのように"観光学の成立"にこだわったのは，先生が"観光学"について日本観光研究学会（『観光研究』第9巻1号，1997年，p. 69）のシンポジウムで発言された内容を聞きかじり，そのご発言を曲解したのが発端でした。

　あるシンポジウムで，先生は次のような主旨の発言をされました。「観光学が成り立つのなら，たとえば観光心理学，観光社会学，観光人類学などは，心理観光学，社会観光学，文化観光学などと呼ばれるべきであろう。」

　先生から後に指摘をいただいて気づいたのですが，私は先生の見解を前後の脈絡も考慮せずに早合点してしまい，全く逆転した理解をしておりました。そして当時，"観光学の構築"を模索し

"実践の学" だの学際的な "問題解決型学問" だのといったアイディアを出しました。

前田 そのシンポジウムの発言の背景には，特定からの限られた事柄についての研究こそが観光研究であるかのように発言する一部研究者にたいするシンポジウムでの "批判" として用いられた発言の一部であったことも含めてご理解いただきたいと思っています。

安村 今では先生のご発言の本意を私も承知しています。観光学を "学" として確立させるという私のアイディアを当時から私自身も十分に納得できませんでした。当然ですが，私のアイディアには他の観光研究者からまったく反響がありませんでした。

1990 年代末までに「観光学」の呼称をめぐる問題について何度か先生の考え方に触れる機会があって，いずれも本題ではなく僅かな時間でしたが，"観光学" の成立について先生は懐疑的であると私は感じました。

しかし，今後「観光学」という呼称の問題があらためて議論される可能性はありそうです。先生には，観光研究の将来を展望しながらあらためて「観光学が成り立つか」という問いについてお考えをうかがいたいと思います。

4-2．観光学の成立不可能性とその理由
観光学が成立しない理由

安村 観光学が成立する可能性について，先生はどのようにお考えですか。

前田 "観光学" の成立については，「可能性は低い」と言わざるを

えません。

　この問題については，過去にもいろいろな場面で何回か述べて
きましたが，〈現在までの観光研究が"学"として成立するため
に役立ってきたとは考えられない〉ということが，第一の理由だ
と思っています。

安村　今のご指摘について，もう少し詳しく説明していただけます
か。

前田　"観光"に関しては多種多様な研究が世界中で行われてきて
おり，日本に限ってみてもそれはかなりの数になります。しかし
ながら，独自性のある研究として，その成果を多くの研究者が共
有しているものはごく少ないと考えられます。

　このような現状をみると，他分野と比べられる研究分野のひと
つとして，独自の概念・用語を有し，独立性の高い研究分野の体
系として「観光学」を標榜することはかなり困難であると言わざ
るをえないと思われます。

"学"の成立する一般的条件

安村　なるほど，わかりました。そうしてみると，ある研究分野が
"学"として成立するには，その一般的条件が考えられそうですね。

前田　"学"として社会から認知されるための一般的条件として，3
つの要件が考えられます。それらは，第一に既存の学問では説明
できない事象があり，それを解明することが重要な課題となって
いるという状況があること，第二に新たな事象を把握・解明する
ための研究方法がつくられており，その方法による研究成果が認
められつつあること，そして第三にそれらの研究成果を統合して，
体系化を図る試みが示されていることです。この3つの要件を充

たすことによって，新しい"学"としての市民権が認められると
考えられます。

　残念ながら現在までの観光研究は，これらの要件，とくに第二
と第三の要件を充たしているとは認めがたいのです。

研究視点の多様性と「観光」概念の多義性

安村　先生がいま提示された「"学"として社会から認知されるた
めの一般的条件」のうち，第一の要件（既存の学問では説明できな
い事象があり，それを解明することが重要な課題となっているという
状況があること）については，観光研究はおおむね充たしている
と思うのですが，それにしても，観光研究において"観光"をと
らえる視点や立場は多様ですね。

前田　その通りです。「観光学」が形成されない理由として，〈研究
視点と使用用語の曖昧なことによって，対象分野そのものが必ず
しも明確化されていないこと〉が，"阻害要因"として指摘でき
ます。

安村　観光研究の視点と使用用語の曖昧なことが，研究対象として
の「観光」の概念を多義的なものにして，その対象分野が不明瞭
になる，ということでしょうか。

前田　そういえます。"観光"を一般的に説明しようとする場合，
「観光」と称される行動・事象を成立させている条件は比較的明
らかにされています。国の内外に大きな自然的・社会的障害がな
いことが基本であり，そのうえで可処分所得の水準，自由に利用
できる時間，交通機関の整備状況や利便性などが基本的条件とな
っていることは周知のところです。

　また，目的や理由はさまざまですが，日常的生活圏を離れて他

地を一時的に訪れる "旅" は，社会の安定と交通機関の整備とにより，"旅行" として予定できる行動となることで社会に広く定着しました。"旅" や "旅行" のルーツは人類の歴史とともに存続してきた事象です。

　したがって，人間と社会を対象として科学的に理解し分析することを試みる研究者たちは，"観光" についてもそれぞれに，ある程度まで専門的に "語ること" ができたであろうと考えられます。また，「遊び」「余暇」に関する人文・科学関係書も多数あります。

安村　すると，観光研究が「観光学」となる可能性はありますね。

前田　しかし問題は，専門的に "語ること" ができるだけではなく，すべての人がそれぞれに経験したことのある "観光" に関して "語ること" ができるということです。つまり，"観光" 事象は "個別・具体的観光体験の総称" であるのです。ですから，"観光" については，観光経験の豊富な人やさまざまな知識を有する学識人の手になる "アンソロジー" が数多く存在しています。

　また，観光という社会・文化事象は，それを支える多くの活動によって具体化するので，個々の観光行動はそれらさまざまな事業活動の対象です。つまり，観光はさまざまな事業活動の対象でもあることから，観光者の個別・具体的な行動にいかに対応するかということが，観光関係事業者の現実的課題となります。したがって，観光に関する事業活動従事者は，それぞれが "接している側面" について，あるいは特定の側面をひとつの手がかりとして，全体像に関して個別・具体的に "語ること" ができるのです。実際，観光に関しては実務従事者の手による「ルポルタージ

ュ」も数々存在しています。

　そして，"観光"に関して今日まで集積されてきた知識のかなりの部分は，「紀行文」「旅行記」「旅案内」などを含む文学や歴史書なのです。

安村　つまり，"観光の語り手"がさまざまであり，"個別・具体的観光体験"が集積されているが，否それゆえに，観光研究の視点が定まらず，その研究対象分野が明確化されない，ということでしょうか。

研究方法の不備と体系化の不可能性

安村　そうすると，観光研究において，"学の"成立の第一要件（既存の学問では説明できない事象があり，それを解明することが重要な課題となっているという状況があること）の不備は，第二要件（新たな事象を把握・解明するための研究方法がつくられており，その方法による研究成果が認められつつあること）の困難性とつながりそうですね。

前田　その通りです。観光研究の方法という点からみると，"観光"という対象事象について，"何がどのようであるのか"を"組織的・体系的"に観察し，その結果を〈客観性の高い形で明らかに示す〉という意味の"記述（description）"が，あらゆる研究の最初のステップとして求められます。このステップを経過することによってはじめて学術的研究がはじまると考えられるのです。

　たしかに，観光という対象事象の独自性に焦点をあて，その"独自性"を"組織的・体系的"に観察し，〈客観性の高い形で明らかに示す〉ように"記述"する事例もあるにはあります。しかし，観光事象を研究対象と主張する事例を含め，さまざまな立

場・観点から“語られた”結果には，文字通り“語り（narrative)”として個別性あるいは限定性の強いものが多く含まれていて，特定の文脈においてのみ理解されるものが多いのです。

　したがって，観光研究の現状では，“客観的”な観察をふくめて，“観光研究法”を構築してゆくことは，とても難しいと思います。

安村　やはりそうですね。“観光研究法”については，後の「第Ⅱ章（〈観光学〉の観光研究）4-2.（観光研究法の追求）」で詳しくお話ししていただきます。

　“学”の成立の第二要件（新たな事象を把握・解明するための研究方法がつくられており，その方法による研究成果が認められつつあること）の充足が難しいとなると，当然，その第三要件（それらの研究成果を統合して，体系化を図る試みが示されていること）の達成は不可能になりますね。

前田　ええ，「観光学」とは，〈科学的研究の方法と手順とによってつくられた“観光”に関する一連の知見の集合体に，“従来の学術分野とは異なる学術体系の存在”であると，他分野の研究者が認めるようになった段階で，理解されるようになる〉かもしれない言葉である，といえるでしょう。

安村　確かに先生のご指摘の通りだと思います。しかし，〈前田観光学〉の成果は，“学の成立における3つの要件”をすでに充たしていると考えられます。であるからこそ，観光研究における〈前田観光学〉の存在意義が大きいと思うのですが……。

観光学の成立にかかわる実状

前田　いずれにせよ，一般的にみて“観光学”の成立は難しいと思

います。やはり，観光事象をどのように捉えるかという認識論についても研究方法についても，現状では観光研究者のあいだで議論が不十分です。

　"観光研究"の歴史を振り返ってみると，観光事象が認識されるようになった時期においては，観光事象の全容は明らかではありませんでしたが，理念的に全体像を示そうとする試みもあり，観光研究の目標として"抽象的観光学"の存在がイメージされたこともありました。しかし，観光事象成立にかかわる事業活動の進展によって，広義の"観光研究"は観光事象をそれぞれの学問の視点から断片的に論じることを意図した"解説"や"論評"の集まりとなり，その一方では観光事業を展開するための専門知識の集成として形成されたとみることもできます。

　後者［観光事業を展開するための専門知識の集成］に関心をもつ人たちからは，どのような"研究方法"を用いるかは，直接の関心事とはならなかったのです。ちなみに，日本観光研究学会は1986年の設立以来，入会希望者に提出を求める"入会申込書"の所定欄に研究の方法論と領域について記載を求めていますが，"方法論"として「観光学」，"領域"を「○○学（論）」と記載する人が少なからずおられ，"方法論"に関する理解が乏しいことが示されています。

　また，研究大会発表時に提出される研究報告の参考文献として同分野の研究報告が記載されることはごく少なく，研究者が相互に切磋琢磨して共通課題を探究するという姿勢が認められないことは否定できません。

観光研究法は“学際的”か

安村 確かに“観光研究”の現状はご指摘の通りですが，観光研究に先駆けていわゆる“学際的”といわれる，たとえば社会科学系では「政策科学」や「国際関係論」などの学問分野が形成されていますが，“観光研究”もそうした“学際的”学問分野として構築される可能性はありませんか。

前田 観光分野が“学際的分野（interdisciplinary field）”といわれるようになって久しいですが，複数の異なる分野からの研究を必要とする研究領域は複合的研究分野（multidisciplinary field）であり，学際的研究と称されるのは2つ以上の学問領域についての専門的知識を有する研究者（interdisciplinarians）が行う研究を称したものです。複数分野の研究者が，それぞれの方法論によって共通対象を研究するものは“複数視点からの研究（multifarious approach）”と称されるので，それが“ひとつの学”に発展することはありえないのです。

安村 研究アプローチにおける“学際的”と“複合的”の相違があり，そして観光学において“学際的アプローチ”が未熟であること，それゆえに観光研究が“ひとつの学”に発展しがたいという困難さがよくわかりました。

4-3. 本書における「観光学」の使用法

前田 ところで，1998年に開学した立教大学大学院観光学研究科の設置認可において，設置審議会委員から私に“観光学成立の可能性”について質問があったのですが，そのことが意味しているのは“観光”と冠することが“学問領域としての威光”にどうか

閑話風解説（I-5）「観光学」という用語と学際的研究

　"観光の研究や教育"が盛んになると，それがひとつの"個別学問（discipline）"として認知され，それに「観光学」という名称が用いられようになる。

　このような状況で，少なくとも"観光学"がどのようなディシプリンであるのかを特徴づけておく必要がある。もちろん，"観光研究"を状況次第でときに"観光学"と称し，ディシプリンとしての"観光学（tourismology）"は成立しえず，観光研究はあくまで"観光研究"つまり"tourism studies"ないしは"tourism research"だという考え方もある。

　"観光学"が成り立つかについては，2000年に*Annals of Tourism Research*誌上でリーパー（Neil Leiper）とトライブ（John Tribe）が論争をしている。一方のリーパーは「観光学がディシプリンとして成立するようにその構築をめざそう」と主張したが，他方のトライブは「観光とは研究のフィールドであって統一的な研究のアプローチを構築できないから観光学は成立しえない」と反論した。論争の優劣については詳細に述べないが，どちらかというとトライブに分があったと私には思われる。リーパーとトライブの論争以前に，前田勇はトライブと同様な考え方，つまり「観光」とは"事象の領域"であって"学問"ではない，と指摘されたのを私は記憶している。私自身も，近頃，観光学よりも心理学，社会学，人類学などのディシプリンからそれぞれに観光事象にしっかりとアプローチして，それぞれに業績を積み重ねる"観光研究"が当面はより重要だと考えるようになった。学際的研究もありうるが，まだまだ観光研究の本格的な統一的アプローチや分析には時間がかかりそうである。ただし，『新現代観光総論』に具現された〈観光学〉研究の知識構成体は，学際的研究としての観光学のひとつの見本とみなされよう。

かわっているのかについて，設置審議会委員に疑問があったのではないかと考えています。

　最後に，"観光学"をめぐる論議に関して安村さんが述べておられた「観光学が成立するなら，観光心理学，観光社会学はそれぞれ心理観光学，社会観光学，と呼ばれるべきだ」との発言について私の考えを述べたいと思います。なお，日本語表記では「観光心理学」を例にとります。

　このとき，表記の前段「観光」が研究・論述の対象事象，後段「心理学」は分析・考察にあたり用いた学術領域や方法（discipline）を意味しています。この表記では〈心理学視点からとらえた観光事象〉といえることになり，心理学的アプローチが困難な観光事象は扱っていないことを意味しますので，観光心理学を積み上げたとしても，それは"観光学"には成りえないことになります。

　このような意味から，私が心理学だけではなく関係学問分野からのアプローチを加え，〈観光事象を行動科学の視点から研究した観光学〉を意味して"観光行動論"と 1995 年に表現しました。"観光行動論"は，残念ながら未完のままになっています。

安村　前田先生の"観光行動論"は，"観光を探究する学"いわゆる"観光学"を，心理学，社会学，人類学などの社会科学の成果を統合した"行動科学"として構築しようとする構想ですね。先生が 1995 年に初版を刊行された『観光とサービスの心理学』（学文社）には，「観光行動学序説」という副題が付けられています。この著書と同年に刊行されたのが，先に（本章 2-3.）詳しくお話をうかがった『現代観光総論』（学文社）の初版でした。そうすると，1995 年に"観光行動論"としての〈前田観光学〉の体系

化がスタートした，と私は考えるのですが……。この話題につい
ては，これから第Ⅱ章以降でじっくりとお話しいただきたいと思
います。

　さて，先生の指摘によれば，"観光研究（tourism research）"
が"観光学（tourismology）"になる可能性は今のところかなり低
そうですが，ときに便宜的に表されるいわゆる"観光学"は，〈前
田観光学〉にみられるように"学問領域としての威光"との関係
をかなり充たしてきたのではないでしょうか。そこで，本書では，
「観光学」を"観光の研究と教育"を総称する"用語"として今
のまま"便宜的"に使うことにします。

　そして，先生が示唆されたように，"観光学"の"学問領域と
しての威光"をさらに高めたいものです。そのためには，1960
年代末から1990年代にかけて構築された"観光学の原点"をし
っかりと踏まえておく必要があると，私はあらためて思います。
そして〈観光学〉研究の体系が，観光研究者の共有しなければな
らない"観光学の原点"であることも明白となりました。

　そこでさらに〈観光学〉の研究における研究と教育の本質につ
いて，第Ⅱ章（〈観光学〉の観光研究）と第Ⅲ章（〈観光学〉の観光
教育）でそれぞれ詳しく解説していただきたいと思います。

II. 〈観光学〉の観光研究

　現代観光研究は，米欧や日本において，それぞれ1970年代後半頃に着手され，1980年代から90年代にかけて“観光”の知的構成体が形成された。つまり，この期間に“観光研究の基礎”が集積されたのであり，この期間に“観光学の原点”がみいだされる。

　そして，2000年以降になると，観光を研究する，とくに社会人文学分野の研究者が急増してきた。近年には観光研究のテーマが多岐にわたり研究報告の成果も増えている。

　こうした観光研究の動向は，研究分野の活況という点で観光研究者にとってよろこばしい状況だが，とくにさまざまな研究分野から新たに観光研究へ参入した研究者の間には，その研究報告をみるかぎり，これまでに蓄積された“観光研究の基礎”があまり理解されていないようだ。その結果として，観光研究が盛んになった反面で，観光研究の成果が体系的に蓄積されているようには考えられない。

　このような問題意識から，観光研究の新たな成果を積み上げるために“観光学の原点”を〈観光学が拠って立つ基盤〉として，現在（2020年時点）の観光学の課題を洗い出し，その課題について批判的考察をくわえる，つまり徹底的に思索し解明すべきだと筆者は考えている。

　そのために，日本の観光研究を体系的に構築して今なお進化している前田勇の〈観光学〉を思索と解明の手がかりとすることが，有効であろう。それは，〈観光学〉が日本観光学の代表的な研究成果であり，同時に国際的な水準で“観光学の原点”と考えられるからである。

安村　第Ⅰ章〈観光学の出立点〉では，日本観光学と前田先生の〈観光学〉研究が形成された経緯，〈観光学〉が探究する "観光の意味"，そして "観光学の性質" などについても，先生から説明していただきましたので，この第Ⅱ章では，観光研究，とくにその成立過程や学問としての神髄などについてさらに掘り下げてお話しいただきます。そして，観光研究の本質を明らかにしていきます。

1.〈観光学〉研究への助走

安村　最初に〈前田観光学〉が本格的に構築される以前の，いわば観光研究へと向かう助走の段階についてお話しいただきます。

1-1.　観光心理学の誕生前夜

安村　第Ⅰ章〈観光学の出立点〉でお話をうかがった立教大学社会学部観光学科の設置以前に前田先生の本格的な観光研究はまだ始まっていなかったわけですが，その当時はどのような研究をしておられたのでしょうか。

前田　私は社会心理学・産業心理学を学んだ後，約4年間にわたって消費者行動を研究する業務に従事していました。この間，一部外国を含む各地を旅行していましたが，"観光" という社会事象を研究するという意識はまだもってはいませんでした。

　オリンピック大会が開催された1964年，指導教授だった恩師が大学研究所の専任所員に迎えてくださり，立教大学に勤務することになり，2年後（1966年）には社会学部産業関係学科専任講

師となることができました。本格的な観光研究はまだ始まっては
おらず，学会発表では"消費者行動研究"に関するテーマが主た
るものでしたが，なかには現在まで続いているテーマもありまし
た。

安村 前田先生の研究の原点には，1960年代になされた"消費者
行動研究"があるのですね。当時は日本が高度経済成長期の真っ
只中でした。消費者行動研究に関連して思い出に残っておられる
エピソードがあれば，お聞かせください。

前田 当時は外国大手石油会社の日本への本格的進出が始まってい
た時期でしたが，日本の消費者によるガソリンスタンドの"評価
と反応"には理解できない点があるとのことで，指導教授の産業
心理学者にその理由等を解説してほしいとの依頼が時々あり，私
もお手伝いしていました。

　ある時，「現在利用している店舗の対応に不満があるにもかか
わらず，変更せずに利用し続ける人がアメリカとは比較にならな
いほど多い」理由について説明を求められました。それについて
私は「日本の消費者は地域社会の人間関係を重視する傾向が都会
でも依然強く，この傾向は地方ではとくに顕著である」と現状を
説明したうえで，「将来的には流通経路や生活慣習が徐々に変化
しつつあることからみて，行動傾向も異なったものとなることが
十分予想されている」と考察結果を説明したところ，「納得でき
る」と質問者に満足されたことがありました。

　この質問にかかわる事柄は，後に本格的に取り組むようになっ
たサービス研究において現在も研究課題のひとつになっています。

安村 なるほど，前田先生の〈観光学〉研究の起点となる"消費者

行動研究"には，消費者行動の心理学的分析にくわえて"社会性"や"文化性"がすでに発想されています。先生は，1960年代に社会心理学，産業心理学，消費者心理学，さらに産業社会学などを研究され，それらの研究を基礎として，その後の1970年代までに観光の研究に取り組まれたのですね。

　それでは次に，当時担当された科目や観光研究の始まりについてうかがいたいと思います。

前田　私は1966年に社会学部産業関係学科専任講師となり，産業関係学科「ホテル・観光コース」担当となりましたが，新学科（観光学科）が正式発足すると3年次に配当の"観光についての心理学科目"を受け持つことが予定されていました。観光関係科目開講までの期間は「産業心理学特殊講義」の名称で産業心理学の一部を担当しましたが，しばらくしてから名称を「消費心理学」に変更して，"観光心理学の基礎科目"として位置づけ，所属が観光学科さらに観光学部と変わっても，"もうひとつの専門科目"としてずっと担当してきました。

1-2. 観光心理学の誕生

前田　観光学科専門科目は，1970年度に「観光論特殊講義」の名称でまず開講しましたが，その頃までに「観光心理学」の内容構成はほぼまとまりました。新しい科目誕生までに3年間もの準備期間が与えられていたのは，日本最初の新学科ならではの特例措置でして，この点においてとても恵まれていたと思います。

安村　新しい観光専門科目として「観光心理学」という分野を開拓されたとのことですが，当時の「観光心理学」の内容はどのよう

に構成されたのですか。

前田　1920 年代からの外国の研究文献，1950 年代以降のわが国での研究結果などを精査した結果として，「観光心理学」は，次の6 領域に大別することができると私は考えました。

① 観光行動の概念と特徴

② 観光行動の成立条件

③ 観光欲求と観光動機

④ 観光行動の成立過程（選択の仕組み）

⑤ 観光者心理とその特徴

⑥ 観光行動とイメージ

「⑥ 観光行動とイメージ」は消費行動全般に密接に関係しますが，とくに“初めての経験”であることの多い観光行動では重要な意味をもつことから，最初から独立させ設定しています。

後で別なところで紹介しますが，「① 観光行動の概念と特徴」「② 観光行動の成立条件」「③ 観光欲求と観光動機」「④ 観光行動の成立過程」に関する研究をそれぞれ比較的初期に発表しています。

これにたいして「⑤ 観光者心理とその特徴」と「⑥ 観光行動とイメージ」については，かなり後まで何度も研究発表を行ってきています。

またこのような内容構成そのものは現在も基本的には同様で，このような内容構成にもとづいて「観光心理学」と称される分野を確立することに取り組んできました。ただし，〈観光行動の一

般化とくに頻度の増加による影響〉，また〈観光主体のマナーをめぐる諸問題とその解決方法〉など，新たな課題もくわわっています。

2. 〈観光学〉研究の成立

安村　前田先生の"観光心理学"を紹介していただきましたが，取り組まれた観光研究のテーマは，観光研究の本格的な開始以降，観光の全領域に及び，多岐に渡りながら広がっています。観光研究は，1980年代になると，その研究対象が観光現象の全領域に及んでいます。

　ただし，主要なテーマは"消費者心理研究""観光行動研究""サービス研究"という3つの分野に大別されると思われます。そして，それらのテーマは"心理学"とりわけ"産業心理学"と"社会心理学"をベースとして，"社会学"や"マーケティング論"の見地からもアプローチされています。

　そうした研究テーマや研究分野を，先生は観光研究の事始めから今日まで，およそ40年以上にわたって体系的に構築されてきました。それは〈前田観光学〉とよべる研究の体系だと考えられます。

2-1. 起点としての消費者心理研究

安村　前田先生の〈観光学〉の研究は，"観光"の現実が変化する状況を的確に認識しつつ，研究対象としての"観光"を客観的に説明する理論やモデルを常に提供し続けているとみられます。

そして，これまでのお話から，先生は"消費者心理学"を起点として"観光心理学"へと展開されました。さらに後には，"観光客の行動"と密接にかかわる"サービス"についての研究に着手され，その評価理論を確立されて，それらをトライアングルとする〈観光学〉研究を体系化されました。

　このような構造をもつ〈観光学〉が構築された経緯をさらに詳しくお話しいただけますか。

前田　まず，申し上げておく必要があるのは，私の観光研究は，"消費者心理研究"の一環として始まったということです。

　私が物心ついた頃，「はじめに」で紹介されたように，父親が"いわゆる転勤族"だったため，東京→横浜→仙台→東京と，おおよそ2年ごとに引越しをしていました。現在のように全国をカ

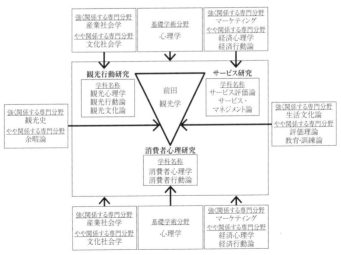

〈前田観光学〉の研究トライアングル

バーしている"引越し業者"は存在せず，身の回りのモノを携行しての移動でした。荷物は鉄道を利用して送るのですが，かなりの日数を要しましたので，新しい暮らしが落ち着くまでは，旅館住まいをするため，子どもなりに旅館サービスには興味をもっていたようです。

安村　うーん，前田先生の"サービス論"の原点は，先生の幼少時に遡りそうですね。

消費者心理研究と派生諸研究

前田　話を戻しますが，"消費者心理研究"というと"マーケティング"とのかかわりをまず思い浮かべることが多いと思います。実際にも活字メディアの発達と普及とを背景として，20世紀初頭から急速に増加するようになった"広告の効果"についての研究が心理学者によって行われるようになりますが，これが消費者心理研究の最初のものであるとされています。やがて広告効果研究から，広告の対象である人たちの"購買動機と欲求"について分析するようになり，さらに商品の流通過程研究を発展させた"新しい商業研究"全般を表すものとして"マーケティング"という言葉が用いられるようになってきました。

　このような系譜とは別に，ドイツで誕生してアメリカで発展した"産業心理学"の主たる対象は，作業の仕方と効率，労働と疲労などの"生産と労働"に関する事柄でしたが，消費者心理にかかわる商標や商品名などの模倣問題などを研究対象としていた時期もありました。しかし，それらも次第に"マーケティング"に吸収されることになります。

　これらとは異なる視点からの研究として，19世紀後半から先

進各国で増大してきた都市部に居住する労働者，そして後の消費者の生活についての研究が行われるようになります。先ほどガソリンスタンドの選択に関して"顔なじみの店舗"との関係の影響の例を紹介しましたが（p.53），消費者をたんに購買者としてだけとらえるのではなく"地域の生活者"としてとらえる視点に興味をもちました。

カトーナ消費心理学への傾倒

安村　"地域生活者としての視点"ということに関して，参考にしたり影響を受けたりした研究などがありましたか。

前田　大きな影響を受けた研究があり，それを参考として研究を行ってきました。その研究者はハンガリーに生まれてドイツで心理学を学び，1930 年代にアメリカに渡って，新しい視点から消費者行動研究を展開したカトーナ（George Katona）という学者です。彼は第一次世界大戦後にハンガリーを襲った大インフレとそれにたいする人々の行動に強い興味をもち，〈"不安"と"将来への見通し"が"消費行動"に及ぼす影響〉について研究しようと考えました。

　カトーナは，第二次世界大戦後になると研究資金援助をえて，ミシガン大学を拠点として"経済現象への心理学的研究"に取り組み，全米規模の調査結果を発表するようになりました。1951 年，それまでの調査結果をまとめて *Psychological Analysis of Economic Behavior*（McGraw-Hill）の題名で最初の著作を発表しました。私は出版されて数年後に心理学研究室の図書室でたまたまこの本に出会いましたが，まず書名に強い興味をもち，辞書を片手に夢中になって読んだ記憶があります。

当時，カトーナは，日本ではもとよりアメリカでもあまり注目されませんでしたが，次第に注目を集め *The Powerful Consumer*（McGraw-Hill, 1960）［邦訳：『消費者行動』ダイヤモンド社，1964年］や *The Mass Consumption Society*（McGraw-Hill, 1964）［邦訳：『大衆消費者社会』ダイヤモンド社，1966年］が出版され，間もなく日本でも翻訳出版されて，この分野を代表する研究者として認められるようになりました。

　カトーナが明らかにしたことを要約して説明すると，消費は経済的環境条件とともに，個々の消費者が抱いている“今後の生活の見通し”や“生活にたいする期待と要求水準”などの心理的要因を受けているということになります。私が彼の理論（仮説）によって，〈社会事象としての消費者行動一般を説明できる〉と考えたのは，1973年（秋）の「第一次オイルショック」によって発生した“モノ不足買いだめ騒動”について行った研究でした。そしてその後は，カトーナ理論を発展させて，〈“見通しとしての先行き不安”の影響を，消費者行動の一形態である観光行動の分析に適用する〉ことを試み，有効なことを確信しました。

　カトーナに戻りますと，1974年にアメリカ・マーケティング協会（American Marketing Association）は新しい専門誌として『消費者行動研究』（*Journal of Consumer Research*）を発刊し，第1号の巻頭論文をカトーナ（当時74歳）に依頼しました。彼は自身の研究史を紹介しながら，“Psychology and Consumer Economics”［心理学と消費経済］という論文を寄稿しています。

安村　お話をうかがって“消費者行動と観光行動研究のかかわり”“消費者の視点からの観光行動研究”という意味が理解でき

るようになってきました。また，前田先生の理論的思索の経歴に
ついても触れることができました。

2-2. サービス研究の深化とサービス評価理論

安村　では，先生の観光心理学研究をつくってきた，もうひとつの
"サービス研究" とのかかわりはどのようなものでしょうか。

前田　私の "サービス研究" は，消費者行動研究の一部分を発展・
独立させた研究と，観光行動研究とくに "観光客" つまり観光事
業側から見ての "買い手" の行動と密接不可分な〈サービスを利
用する〉ことに関しての研究という 2 つの性格を併せもっている
と考えることができます。

　現代の消費行動，とくに都市居住者の消費行動は，支出の大部
分が物財以外の生活の利便性・快適性を享受するための諸活動，
つまり "サービス" 利用に向けられています。サービスは物財と
は異なり，"生産と消費の同時性" "非貯蔵性" "提供・利用の時
間・空間的影響大" などの特徴があり，社会的活動であるととも
に個人的行為としての側面も多いなど，かなりファジーな面があ
りますので，これらを整理して説明体系を整えることが必要不可
欠となってきます。

　私が "サービスの一般理論" の構築に取り組むようになった契
機は，先ほどお話ししたように，引越しに伴う旅館住まいをして
幼少期から蓄えてきた "サービス" について感じた「なぜ嬉しか
ったのか？」「なぜ不愉快だったのか？」といった単純・素朴な
疑問をもっていたことだろうと思います。

　その意味ではやや大袈裟ですが〈内側からの問題意識発生〉つ

まり〈個人が蓄えてきた生活体験から発生する疑問を研究目的とする〉ことの一種だと言うことができるかもしれません。

私が構築をめざした"サービスの一般理論"は、"サービス"の性格と特徴について多角的に分析したうえで、「人間は行動や事象のどのような状態や変化を対象として、どのようなことを手がかりとして評価（判定）しているのか」について説明できることを目的としたものですが、さまざまな業種・業態の数多くの事例、とくに異なる状況のものを収集・分析するのに10年以上の年月を要しました。その後、この一般理論をマネジメント論の一種として"サービス・マネジメント論"として発展させています。

もうひとつの観光行動における"サービス研究"は、いうまでもなく"接客行動"に関するもので、日本旅館の特徴とされてきた〈丁寧な接客応対によって利用客に満足を与える〉こととして、ずっと以前から現在まで、さまざまに論じられてきた事柄です。しかし、それらのほとんどは、"個々人の好みと経験"によって判定・評価されてきています。この問題についても、判定・評価に影響を与えていると考えられる要因・条件を整理し、改善課題や後継者育成について論議することが最低限求められている課題であろうと考えてきました。

安村 前田先生の観光行動研究が〈消費者行動研究からサービス研究へ〉と体系的に展開された過程について、よくわかりました。また、先生のサービス研究ではその成果が1980年以来、次々と発表されています［→閑話風解説（Ⅱ-1）］。

2-3. 観光行動研究への展開と〈観光学〉研究の成立

安村 〈観光学〉の研究トライアングルは，消費者心理研究からサービス研究と観光行動研究へと展開して，それぞれの研究テーマがそれぞれに深化されると同時に，各テーマが相互に影響し合い，〈観光学〉研究として成立したと考えられます。研究トライアングルの3つ目のテーマである"観光行動研究"の概要については，先に説明していただきました［→本章1-2.］。

前田 すでにお話したように，私の"観光行動研究"は観光心理学の分野と方法等を整理することから始まっており，その概要は先に述べた通りです［→本章1-2.］。もうひとつ観光行動研究で重視してきたことは，初期の研究でふれていますが，「観光行動によってのみ得られる満足・充実感を追究する」という課題がありました。

安村 その「観光行動によってのみ得られる満足・充実感を追究する」という観光行動研究の課題は，第Ⅰ章（観光学の出立点）3-1.でうかがった，「人は何故"楽しみの旅"をするのか」という〈観光学〉の"基本命題"とつながる本質的問題ですね。

　〈観光学〉の研究トライアングルにおいて，消費者心理研究からサービス研究および観光行動研究へと展開した経緯と，それぞれの研究テーマの概要がわかりました。

閑話風解説（Ⅱ-1）〈観光学〉のサービス研究と観光行動研究の業績

　前田勇の"サービス研究"の成果として，1982年に『サービスの科学』（ダイヤモンド社）が最初に出版されている。そして，1987年『サービス・マネジメント―サービス向上の理論と実際』（日本能率協会），1989年『優秀企業にみる実践サービス・マネジメント』（日本能率協会），1995年『サービス新時代―サービス・マネジメントの革新』（日本能率協会）と，サービス研究の著作を立て続けに刊行された。そして2007年には"サービス研究の集大成"ともみなされる『現代観光とホスピタリティ ― サービス理論からのアプローチ』（学文社）が出版されている。

　また，観光行動研究の成果としては，〈観光行動によってのみ得られる満足・充実感〉を追究した『観光とサービスの心理学―観光行動学序説』（学文社）が，1995年に刊行されている。この書籍は，その後に版を重ねて今日にいたる。

3. 〈観光学〉の展開

安村　前田先生の唱える〈観光学〉では，研究トライアングルが "本道" とすれば，その本道から分かれた "間道" が張り巡らされています。つまり，"消費者心理研究" "サービス研究" "観光行動研究" のそれぞれ，あるいはそれらの組み合わせなどから多様な研究テーマが考察され，その結果が前田の〈観光学〉において体系的に網羅されています。それらの研究テーマは，観光研究の対象領域全体にわたる理論的課題や個別の対象事象など多岐に及びます。

3-1.　観光効果論の主唱

安村　〈観光学〉が展開した研究テーマはいずれも重要なのですが，とりわけ "観光効果論" という理論的テーマは，前田先生が早くから提起された重要なテーマです。"観光効果論" は，先生が実質的に編集を担当された『現代観光論』（有斐閣，1974 年）の第 16 章で初めて提示されたのですね。

前田　はい。第 I 章（観光学の出立点）3-2. でお話ししたように，観光研究のテキストとして最初に編纂した『現代観光論』では，納得できないことも多々経験しましたが，一方ではその編纂が新しいチャレンジをする機会ともなりました。

安村　それはどのようなチャレンジだったのでしょうか。

前田　それは，いまお話のあったように，章のひとつとして "観光効果論" をつくることができたことでした。私は観光の効果として "経済効果" のみをとらえる傾向に疑問を感じており，観光が

もっている（果たすことのできる）"非経済的な効果"こそが、〈観光の大衆化が進展することの最大の意味と意義〉なのだと考えていました。

　そこで、最初の大学生向けのテキストでは、それを説明した章を独立させ、講義を通して啓発する必要があるという持論を主張しました。幸いなことに、他の執筆者からも出版社からも反対はありませんでしたが、執筆経験のある方がおられなかったために、私自身が執筆することになりました。このような経緯から『現代観光論』は"観光効果論"を取り上げた最初の書となりました。第16章「観光の諸効果と現代的意義」の内容構成は次のようになっていました。

　1節　観光の経済的効果
　　1）国際観光と国際収支　2）経済活動の発展
　　3）地域経済の発展
　2節　観光の社会的・文化的効果
　　1）社会的・文化的効果　2）レクリエーション効果
　　3）国際親善効果
　3節　諸効果の関連性とマイナス効果
　　1）諸効果の関連性　2）マイナス効果の諸問題

　ところで、その後に私がかかわった観光の概論・解説書にはすべて"観光効果論"に関する章あるいは節が設けられていますが、他の概説書やガイドブックなどで"観光効果"について真正面から取り組んでいるものは見当たらず、観光の経済的な効果を観光

の効果＝経済効果（とくに外貨獲得）として説明している傾向がみられます。外客誘致による外貨獲得に偏していることを批判的に論じている場合も，非経済的効果を考察していない点においては同様です。

安村 先生がいま指摘されたように，"観光効果論"が日本の観光概説書，とくに2000年以降に出版された概説書で取り上げられず，また取り上げても"経済効果"だけに言及される理由は，"観光効果"が観光研究の登場した1970年代当時ほど〈研究の焦点とならない〉，そして同時に〈社会が全般的に観光の経済効果にだけ注目する〉状況があるからではないでしょうか。

　観光研究が始まった1970年代当時は"観光の大衆化"による観光地の社会文化や環境の破壊などについて，米欧の観光研究がかなり批判的に報告していました。"大衆観光（mass tourism）"による"社会文化や環境の破壊"などという問題に"研究の焦点"を当てて，米欧社会科学系の観光研究が誕生したといっても差し支えないと思います。

　しかし，その後の2000年以降になると，経済の新自由主義やグローバル化などの状況を背景として，国際的な経済競争を背景に国別の国際観光収益や国際観光客到着数などの"経済効果"ばかりが社会全体で注目されるようになりました。もっとも2012年から2019年時点までの日本では，インバウンドの急増によって，地域の"観光公害"や"オーバーツーリズム"が深刻となり，1970年当時の国際観光地や発展途上国観光地の観光状況を彷彿させるような問題意識があらためて高まっているようですが……。

　また，2000年以降にも，観光による"負の社会文化効果"や

"負の環境効果"の実態がなくなったわけではありませんが、それらの負の効果に対処しようとする"エコツーリズム（ecotourism）"や、さらには"持続可能な観光（sustainable tourism）"といった"新しい観光形態"に研究の焦点をおく傾向が出てきたため、その傾向が観光の概説書にも反映して、概説書が"観光効果"それ自体を取り上げなくなったようにもみえます。

閑話風解説（II-2）　観光学の観光効果論

観光研究において"観光効果"の多様性が体系的に言及されたのは、おそらく前田勇の"観光効果論"が初めてではないだろうか。

英語文献の"観光効果論"では、マシーソン（Alister Mathieson）とウォール（Geoffrey Wall）が、*Tourism: Economic, Physical and Social Impacts*（Longman, 1982）を出版して注目されたが、その初版は1982年［邦訳；『観光のクロス・インパクト』佐藤俊雄監訳，大明堂，1990年］である。

"観光効果論"は、いまや観光研究の重要な焦点であり、概説書でも取り上げられなければならないテーマとなっている。

3-2. 〈観光学〉研究の多様な研究テーマ

安村　その他にも、先生の〈観光学〉研究の本道から派生したテーマがいろいろとありますね。

前田　観光研究に着手してかなり後になってですが、あまり知られていない特定の地域とかかわりのある人物や自然を含む事象などを掘り起こして、観光対象として活用する試みを研究しました。また、地域性のある"みやげ品"を活用する方策についても取り

組んできました。

　このような試みで大切なのは，それぞれの地域の自然，歴史と文化であることは言うまでもありません。集客誘致や地域活性化を掲げてはいても，地域に根を下ろしていない活動は当然一過性のものになってしまいます。とくに地域文化的活動は，言うまでもなく，当該地を訪れようとする人たちがいなければ成立しません。人々の歴史・文化にたいする関心や興味をいかに啓発するかは重要な課題だと思います。私が"ミュージアム研究"に取り組んでいるのもこのような理由からなのです。

安村　なるほど，〈観光学〉の展開についてはほんの一端をうかがっただけですが，前田先生が特殊研究をなされる意図がよくわかりました。

　〈観光学〉では，その本道ばかりでなく，本道から派生した間道としての特殊研究テーマの業績もそれぞれに重要であり，同時に研究テーマとして刺激的で興味深いものばかりです。それらのすべてをここで紹介できませんが，〈観光学〉の特徴的な本道と間道の研究業績の一部の概略を以下に10点紹介します。

〈観光学〉の"特徴があり，あるいは記念碑となっている"研究10点

1.「観光の心理学」『観光』No.29，日本観光協会，1970年7月
観光事象に心理学の視点からアプローチしたわが国最初の論考であり，後に「観光心理学」と称される研究領域の範囲と方法とが整理され，観光に関する心理学の研究課題についても説明されている。

2.「『観光』に対する期待」『季刊 horizon』No.7，観光産業研究所，
　1970年7月［本書 付録］

人間行動において，"観光だけがもたらすことのできることは何か"について論じたもので，観光心理学の観点から"観光の現代的意味と意義"について，広い観点から考察されている。

3. 「リボン闘争と労働者の人格―産業心理学の観点からみた大成観光事件判決―」『季刊労働法』75-3号，総合労働研究所，1975年3月

裁判を担当した裁判長が判決理由ならびにその論拠とした事項について，産業心理学の視点からの所見を労働法関係専門誌発行および関係図書出版を行っている組織から依頼された論考であり，裁判長の理解は人間行動にたいする基本的理解において誤ったものであるとして，全体として批判的に論じられた。

4. 「観光と地場産業」『月刊観光』日本観光協会，1970年10月

当該誌の80％を占める"モノグラフ"であり，地場産業の概念および観光とのかかわりについて多面的に論じている。また，事例として取り上げられたことの少ない「和紙づくり」「焼酎」「将棋の駒づくりと祭事イベント」について成立経緯と現状，課題に関して詳細に論じられた。

5. 「サービス研究の一視点」『サービス業の品質管理シンポジウム報告文集』日本科学技術連盟，1983年7月

日本における品質管理の知識と技術の啓発に取り組んできた団体が，初めて開催したサービス業に関するシンポジウム冒頭の「基調講演」全文を収録したもので，「サービス評価の一般理論」に関する説明が中心とされているが，サービス利用者による評価の視点と品質管理活動に取り組んでいる従業員のサービスにたいする視点の違いが論じられ，品質管理を遂行するうえで課題となるものが解説されている。

6. 「観光研究における方法論に関する研究」『観光研究』1巻1・2
   合併号，日本観光研究学会，1978年5月

"観光学成立の可能性"に関する論議を念頭において，特定の研究
分野が学問として成立するためには「何が」が求められるのかにつ
いて，マーケティングなどの例があげられ，ひとつの「学問」とし
て市民権を獲得するまでの過程が分析された。

7. 「旅館の特徴としての"曖昧性"に関する研究」『立教大学観光
   学部紀要』第4号，立教大学観光学部，2002年3月

観光事業全体の近代化を図るには，最も後進的な面が多く残されて
いる旅館経営の改善が不可欠とされることが多い。しかしその一方，
"最も日本らしい施設"として，その魅力をアピールすることも多く，
旅館はきわめてアンビバレントな存在となっている。本稿は旅館の
さまざまなルーツを明らかにし，旅館とは多様な個体の集合である
と論じたもの。

8. 「観光学からみたミュージアム」『日本ミュージアム・マネジメ
   ント学会研究紀要』第6号〈寄稿論文〉，2002年3月

ミュージアムと観光とのかかわりについて，研究発表を行っている
ため寄稿が依頼され，観光行動における行動の対象としてのミュー
ジアムの位置と魅力についての国際比較研究，ミュージアムからみ
た観光客の役割に関する諸外国の事例分析など，多面的な主題につ
いて論じられた。

9. 「ホスピタリティと観光事業」『観光ホスピタリティ研究』第1
   号〈招待論文〉，2006年3月

「ホスピタリティ」の語の意味と変遷に関して，欧米の歴史的経緯
を整理するとともに，第二次世界大戦後にアメリカで用いられるよ
うになるビジネス用語としての「ホスピタリティ」の用法が説明さ
れ，また日本における対人サービス業の発展過程が分析されたうえ

で，現代におけるこの用語の用語法と課題が考察されている。

10.「日本の温泉医療制度の整備過程」『温泉地域研究』第 20 号，
　 日本温泉地域学会，2013 年 3 月

日本温泉地域学会創立 20 周年を記念して寄稿された論考。日本の
明治初期における近代医療制度の導入過程を考察し，温泉が医療か
ら排除された理由が明らかにされている。

4.〈観光学〉の方法論

安村　お話をうかがうほどに，〈観光学〉研究の奥の深さとともに，
幅の広さに驚かされますが，そのような体系を支えるのは "方法
論" であると考えられます。その "方法論" は，現在の観光研究
に大きな示唆をもたらすはずです。次に "方法論" についてお尋
ねします。

4-1. 学際的方法論

安村　前田先生が観光研究に取り組まれて以来，〈観光学〉を構築
されてきた過程は，日本観光研究の歴史とほとんど重なっていま
す。先生の研究業績は，日本の観光研究に多大な影響を与えてき
たわけです。日本の観光学研究にもさまざまな分野の研究者が参
入するようになった現時点（2020 年）で，〈観光学〉の成果は，
今後の観光学の発展にあらためて大きな示唆を与えるはずです。
　　そこで，今後の観光学の発展を見据えるためにも，〈観光学〉
の "方法論（methodology）" についてうかがいます。ここでいう
"方法論" とは，研究過程における検証の手続きや手法といった

狭義のものを含め，さらに観光学の成り立ちを支える，たとえば研究方針，研究方法の基礎論，理論と実践の関係などについての考え方といった"研究の土台"にかかわる広義のものであると考えています。

そうした方法論の一端として，まず先生が観光研究に着手されてから，その後一貫して変わらない"研究方針"についてお聞かせください。

前田 すでにお話ししたように，私は人間の"社会行動研究"から広義の"消費者行動研究"，そして消費行動一般から日常的生活圏の外へ自らの意思で出かけて行った消費行動としての"観光行動"を中心として研究してきました。ですから，研究方法として特別なものがあるわけではありません。個々の具体的行動研究には，社会心理学を中心とした行動科学分野での研究成果を参照して，〈適用の有効性があると考えられる方法〉を選定しています。また社会事象としての観光現象研究には，"社会学"や"文化人類学"をはじめ社会科学全般の方法論を参考にすることになります。

ということは，私の場合は〈関係研究分野に関する研究方法などに絶えず関心をもって臨む〉ことが必要だということです。"観光"は比較的新しい社会事象であり，観光行動を多くの人々が行うことができるようになったのはさらに新しく，広がりとともに行動は多様化しています。このような行動を的確に把握するためには，関係分野の研究動向，とくに新しい研究方法とその成果に関心を常にもつことが求められるのです。

安村 〈観光学〉の研究の土台には"学際的"方法論があるという

ことでしょうか。第Ⅰ章（観光学の出立点）の 4-2. で"観光学の研究アプローチとしての学際性"については，先生から否定的なお考えをうかがったのですが，前田先生ご自身の研究は先生の専攻された心理学にとどまらず"社会科学全般の方法論"を駆使していらっしゃいます。つまり〈学際性を有する方法論〉としての"学際的方法論"が〈観光学〉において採用されています。

　実際に，これまでのお話の通り，確かに〈観光学〉では社会科学領域のあらゆる理論やモデルが縦横無尽に取り入れられています。それは理論やモデルが単に援用されているというのではなく，それらの理論やモデルの基礎論が〈観光学〉のなかで自家薬籠中のものとなって，研究対象の認識・記述・説明において独自の枠組みとなっていると考えられます。

4-2. 観光研究法の追求

安村　前田先生が手がけられた研究には，先のお話の通り，実際にさまざまなテーマがあると同時に，それぞれのテーマにさまざまな研究の方法が用いられています。また，先生の教え子には"定量的"や"定質的"の方法を駆使して，優れた業績をあげている研究者も多いですね。それらの研究者は，大学院の時代に"研究方法"がしっかり鍛えられていると感じられます。

　とくに"観光研究法"について，先生はどのような見解をもっておられますか。

前田　さまざまな見解があると思いますが，"観光研究法"と称されるものは存在すると私は考えています。しかし，「これが観光研究法だ」というものは未だにありません。それは，観光をとら

える視点や目的が多種多様であるために未だ確立されていないのではなく，「誰も構築しようとしてこなかった」ことが理由だと思います。

観光研究法を探求するさいの研究法事例

前田 近年，「行動経済学（Behavioral Economics）」と称される研究分野が注目されるようになっています。それは，経済学の枠組みの中に社会心理学に代表される行動科学の方法によって把握したデータをあてはめて分析するという，経済学と行動科学とを合体させた研究分野を総称したものです。

「行動経済学」は，すでに1950年代頃から〈実際の経済行動を数式で表現する経済学〉として存在しましたが，近年では人間の経済行動を新たな視点から分析し，有効性の高い解決策を導いたことが評価されました。ノーベル経済学賞の受賞対象となった研究も現れて関心が高まっています。そして，医療にかかわる諸問題の解決に，行動経済学で用いられている概念などを応用する研究も始まりました。

2018年夏，公衆衛生学者と行動経済学・心理学・人類学・マーケティングの研究者とが協力し，"行動経済学の医療への応用"について研究した成果が1冊にまとめられ刊行されました（大竹文雄・平井啓編著『医療現場の行動経済学』東洋経済新報社，2018年）。

同書は観光研究とはほとんど関係がありませんが，私の場合は"もうひとつの研究分野"としてサービス研究がありますため，医療サービスは近年とくに重要性を高めていることから，私は以前より医療サービス一般について強い関心をもっていました。実は同書は，出版されるとともに"予想外に"高い関心を集め，2

か月で3版に達しています。現在はさらに重版されているかもしれません。

　このことは，医療関係者だけではなく，「医師と患者の相互理解をいかに図るか」という課題を「"難しい消費者"への対応と解決方法」に置き換えるために参考にしたいと思った人たちがかなりおり，その方たちが読者として購入されていると思います。この本の記述には行動経済学の専門用語が多用されており，理解し難い記述も少なくありませんが，問題解決に向けての"ひとつのヒント"を提供してくれていることも確かだと思います。研究，とくに研究方法の参考となるものは，いろいろと数え上げられます。

安村　『医療現場の行動経済学』については，先生が主宰する研究会「勇朋会」の〈図書紹介〉でも書評されていました［→第Ⅲ章3-3.］。〈行動経済学を医療現場に適用する文献〉は，観光研究法を考えるうえでとても興味深い事例だと思います。

　それにしても，こうした事例の紹介に接してみると，先生が観光研究法をいかに広くかつ深く探究されているかということに，あらためて気づかされます。

4-3. 観光研究の手続き

安村　観光学にとって有効な"研究方法"の考え方についてはよくわかりましたので，さらに研究を進めるさいの一般的な"研究手順"についても，もう少し説明していただきたいと思います。

観光研究法の手続きの前提となる科学的"説明"

前田　観光研究の手続きをお話しするにあたって，あらためて〈学

術研究とは何か？〉を明らかにしたいと思います。第Ⅰ章（観光学の出立点）4-2. で，学術研究の最初のステップとして，"組織的・体系的"な観察にもとづく"記述"があることを述べました。

安村 ええ，うかがいました。観光研究を学術研究とすることの難しさは，その"記述"でつまずいてしまう，ということでした。

前田 そうなのですが，私の見解では，学術研究の最終的目標は，"記述"の次の段階である"説明（explanation）なのです。ここでいう"説明"とは，事象に関する詳細な"記述"をふまえて，事象を成立・変化させていると考えられる要因・条件を整理して（仮説段階），それらの要因・条件間の相互関係さらに因果関係を明確に伝えることです。その意味で，私のいう"説明"とは"科学的説明"と同義であり，"仮説設定""検証""一般化あるいは仮説の修正"といった一連のプロセスをへる過程となります。

安村 先生のご指摘の通りで，"科学的説明"が学術研究の最終目標だと考えられますが，観光研究の現状をみると，その学術研究の達成はますます難しそうに感じられますね。

前田 はい。近年では，観光に関係した学会の数も多く，さまざまな研究がなされているようですが，"説明"に至っている報告に接するのはごくごく限られています。かなりの数の"記述"があっても，それが一般性のある"説明"とはなっていないのには，元になっている"記述"そのものが曖昧であることに原因があるものと考えられます。

たしかに，優れた"事例研究"に典型的にみられるように，綿密に実施された"記述"は，それ自体で"事実の力（power of fact）"を発揮することによって，いくつもの制約を残しながらも，

かなり一般性のある "説明" をすることもできます。しかし，そのためには対象事象にたいする研究視点が明確であり，研究方法が確立されていることが前提となります。

安村 なるほど，〈学術研究の最終目標が "説明" である〉こと，そして〈観光研究法やその研究手続きの最終目標も "説明" である〉ことが，よくわかりました。すると，学術研究としての観光研究では，"理論" が "認識や説明の根拠" として重要な役割を果たすことになりますね。

前田 その通りです。観光事象についての一般性のある "説明" を行おうとするならば，まず客観性があり，主題の解明に用いる妥当性があると考えられる "理論" にもとづく "記述" を集積することが求められるのです。

観光研究の研究手続き

安村 それでは，今うかがった観光研究の "説明" という学術的基礎論を念頭において，"研究手順" についてそのステップごとに詳しくお話しいただきます。

前田 観光研究，とくに観光行動研究において対象とされる研究方法は数多く存在していますが，"研究手順" としては共通性の高いステップが求められています。

最初の段階は研究事象に関係があると考えられる "データの収集" を行い，関連性があると考えられる "理論" を整理し，それを吟味し，"仮説" を構築するとともに，仮説をいかに検証するか，つまり "検証方法の選択" を明確化することです。

この段階にまで到達できれば，研究は五合目に達したとさえいえると思います。ここまでのステップをきちんとふまえていない

研究は、"思いつき"に過ぎないのです。さらに、他分野を含めてさまざまな"理論"を理解することから、仮説構築あるいはどの仮説を参考ないしは援用するかについて検討する幅を格段に広めることが可能になります。

安村 "データ収集"のために、それと並行して"理論"の吟味、場合によっては"理論の構築"、そして"仮説の構築"といった研究の作業が同時に行われるわけですね。こうしてみると、研究活動において"データ収集"の実践がいかに重要であり、かつ難しいかがあらためてわかります。

前田 そうです。また愚痴のようになりますが、最近、学会などで研究発表をうかがいますと、関係があるデータの最初の収集がきわめて不十分で、自分の都合によって対象のごく一部分だけを切り取り、あたかもそれが対象の全体であるかのように扱っている人が少なくないように感じられます。

安村 ええ、私もそのように感じています。

前田 次の段階が"仮説検証の具体的取組み"でして、"観光者"を対象として研究する際には、対象者が〈非日常的な楽しみを求めている〉ことを十分にふまえて、"面接""観察""質問紙"などの方法選択にさまざまな注意と工夫が必要となります。

安村 先生の観光研究には認識・説明の根拠となる"モデル"や"概念的枠組み"、つまり"理論"が常に提示されており、しかもその"理論"がとても独創的です。そしてさらに、その"理論"を通して分析された研究成果は、常にデータで裏づけられています。

　私は以前に先生が、サービス理論に関する著書ではデータの裏

づけが比較的容易にできるのに対して，『観光とサービスの心理学—観光行動学序説』を著わすのにとても苦労したとうかがいました。その理由は，サービス固有の方法や評価の仕方などは時代とともに変化しているものの，利用者—提供者という"役割関係"が比較的継続しているのにたいして，観光行動にかかわる資料には，時代的変化と国民性・県民性なども影響し，行動主体による相違の増大傾向が顕著なので，できるだけ新しい・多種のデータを参照することが必要となる，とのことでした。〈研究課題によってデータの意味と役割が異なる〉という説明は，その後の私の研究での"戒め"ともなっています。

"仮説の構成と実証"の事例

安村 研究を進めるにあたって構成にされた"モデル"や"概念的枠組み"，つまり"理論"と，そこから導かれた〈仮説のデータによる裏づけ〉について，実例をあげて説明していただけませんか。

前田 私は消費者心理研究に取り組んだ頃から現在まで〈不安の行動に与える影響〉を研究課題のひとつとしてきました［→本章2-1.］。その発端となったのは1973年秋の「第一次オイルショック」発生時にみられた消費者の買物騒動の分析でした。それ以後に発生した国民に大きな影響を与えた「2001.9.11（アメリカにたいする）同時多発テロ」「2009.4〜9 新型インフルエンザ問題」「2011.3.11 東日本大震災」などが，人々の行動全般，とくに観光を含む消費者行動にどのような影響を与えてきたかについて，調査や資料分析を行ってきました。

　その結果として，不安が及ぼす影響は"消極化させる側面"と

ともに"積極化させる側面"があることが判明してきました。一般に不安の影響として紹介されることの多くは"消極化させる側面"で，生活の見通しが悪くなると消費活動が一般に低迷することはよく知られているところです。

しかし，同様な状況にあっても"将来にたいする見通し"によって現時点での行動傾向は大きく異なることが認められています。日本人の海外旅行へ赴く人数をみると，20歳代の若者では女性が男性を大きく上回っており，とくに大学卒業以前に外国旅行に赴く，いわゆる卒業旅行は圧倒的に女性が多く，このような傾向に関して他国とは大きく異なっています。

この差異に興味をもって研究した結果，「将来育児・家事等で自由な旅行が難しくなることが予想されるため，可能なうちに経験しておきたい」と考える割合が，女性にはきわめて多いと判明しました。このような将来予想にもとづく外国旅行への意欲の高さを「今のうち意識」と命名しました。大学卒業時に顕著にみられた外国旅行にたいする男女の意欲の差異は，その後の「男女雇用機会均等法（1985年）」の成立などによって若干弱まる傾向もみられるようになっていますが，連続休暇取得や家事・育児の夫婦の役割分担などがなかなか進展していないことから，女性の「今のうち意識」が存続する可能性があります。

なお，「男女雇用機会均等法」成立後に行った意識調査の結果，男性同様転勤等にも応じる"総合職"を希望すると回答した人は，「卒業までに外国旅行をしたい」と回答した割合が「総合職を希望しない人」よりも明らかに低くなっていました。

安村 観光研究においても，重要なのは〈基礎となる理論研究とそ

の応用〉ということになるのでしょうか。

前田　私はそのように考えます。一見すると，過去にはみられない新しい事象のように思えても，その成立条件などを整理してみると，類似した事象が繰り返されていると考えられることは少なくありません。

　10 年ほど前に若者，とくに男性が外国旅行に赴かないことが話題になり，それへの対応策などが論議されたことがありました。業界関係者から〈旅行費用低廉化を図ることが必要〉との提言もみられましたが，若者が外国旅行に魅力を感じなくなった理由を，時系列分析などを通して詳細に分析し，そのうえで論議するということはみられませんでした。外国旅行に赴かない理由を〈若者が抱いている外国にたいする不安〉と仮定して，それにあてはまるような調査資料などを集めたりした研究もみられましたが，明確な論拠のない推論で説明することは適当なこととは言えないのです。

　私は〈人間行動に及ぼす"賞（得）"と"罰（損）"の影響〉に関する学習理論とそれから導くことのできる"仮説"を設定し，検証することを試みるならば，"解"を得ることは比較的容易な事例であったように思っています。

安村　なるほど，既存の理論を整理・吟味して，そこから"仮説"を誘導する手順がよくわかりました。〈研究の基礎に理論研究とそれを応用する〉ことは，観光研究の演繹的アプローチの課題である"観光事象についての理論の役割"を観光研究者自身が考える重要な論点だと思われます。

4-4. 観光研究における"歴史の視点"

安村 方法論に関連して，もうひとつ是非とも前田先生にうかがいたいのが，〈観光学〉研究における方法論としての"歴史の視点"です。

先生の該博な知識と潤沢な情報量には皆がいつも驚かされますが，とりわけ"歴史"の知識には並々ならぬ広さと深さがあり，それが観光研究にもごく自然に反映されていると考えられます。

前田 観光研究には，前に述べたように，さまざまな学術的知識と研究方法論を学ぶことが不可欠です。私の場合，土台となった研究以外，つまり消費者心理研究，観光行動研究，サービス研究以外は基本的には"独学"ですが，「歴史学」をはじめいくつかの専門分野に関しては，個別に専門家から指導・助言を受けてきました。

安村 先生は，『現代観光総論』（学文社，1995年に初版，2015年から『新現代観光総論』）やその他の教科書などで，日本と世界における"観光の歴史"の概略を簡潔に執筆されていて，そこに先生の"歴史"についての該博な知識が窺い知れますが，ある企業が企画運営した大学教授対談シリーズのインタヴューにおいて，先生の"観光と歴史"についての識見が遺憾なく反映されていると思われます。

それは，アットホーム株式会社の「こだわりアカデミー」という企画で，先生が同社代表と「観光はいつ生まれたか」（2001年4月）というトピックで，対談されています。かなり以前の対談ですが，その内容がインターネット上［URL: https://www.athome-academy.jp/archive/culture/0000000133_all.html］（2020年4月現在）

に掲載されています。

　「こだわりアカデミー」は一般教養の講座であるので，先生は"観光の日本史"を実に軽妙に語られていますが，その史実の解説にはやはり深みがあります。この対談では，江戸時代の幕末から現代まで使われてきた「観光」という言葉の起源が『易経』の「観国之光」にあることが説明され，さらに日本の庶民の観光が信仰とともに始まって，平安時代の「熊野詣」，江戸時代の「伊勢参り」などが盛んとなった史実について解説されています。

　このような一般教養の対談からも窺い知れるように，先生の無尽蔵ともいえる"歴史"の知識とともに，〈観光学〉では，多くの"歴史の視点"が観光研究に活用されています。先生は古文書も読まれるので，近世の文書が"温泉"研究などに適用されています。

　先生が適用された"歴史の視点"の事例では，観光事象の歴史的変遷を短・中・長期のタイムスパンで，たとえば日本の"観光の大衆化"を段階的に考察されたり，柳田國男の"民俗学の手法"に通じるような，たとえば新聞の読者投書欄の情報収集による丹念な"日常生活の分析"をされたりしています。このように，先生が観光研究において用いられる"歴史の視点"について，その考え方をお話しください。

前田　近代的観光事象は，社会・経済的な大きな変化の影響によって19世紀半ば以降に登場したと考えられていますが，それ以前の観光事象あるいは原形としての旅の誕生から，旅行さらに観光に至る経緯を明らかにするために，その経緯を歴史的文献資料の記述に求めるのはごく当然のことです。

“歴史”を振り返ると，日本でも世界でもかなり古い時代から“楽しみのための旅行”が存在していたことは，疑うことのない事実です。それぞれの時代で，各時代においての“観光的な旅”について考察することは，“現代観光”を理解するために役立つと考えられます。

　たとえば，ある社会の“楽しみのための旅行”について，どのような人がどのような目的・動機で旅行をしたのか，さらにそれを可能ならしめた条件が何であったのかといった視点から“歴史”を長期的に追って分析し考察します。その分析や考察は，観光という社会現象が成立するための基盤となるものを明らかにすることにつながり，観光現象の歴史的な変化と発展の要因を研究する手がかりを与えてくれます。

　また，“現代観光”という事象・行動，そしてそれを支えている観光事業は，短期間に絶えず変化と発展を続けています。そして，観光に影響を与える社会的状況も急速に著しい変化を遂げており，それに伴い観光をめぐる“新しい問題”なども発生しています。観光研究には，常に観光事象と社会的状況を時系列に“記述”し“説明”する必要があります。

安村　〈観光学〉の観光史研究は，観光の歴史そのものの分析と同時に，いろいろな観光事象や観光行動の考察に直接・間接にかかわる形で“歴史の視点”が適用されています。その成果は，先の“観光の日本史”（こだわりアカデミー）をあげましたが，もうひとつ，先生の私的会合である勇朋会で先生から配布された，〈観光学〉研究の歴史分析が端的に表されている資料「第二次大戦後の観光変遷史（国内観光を中心に）」（2018年）を紹介しておきます。

第二次大戦後の観光変遷史（国内観光を中心に）

時代区分	大衆化時代前期 （団体旅行中心の時代）	大衆化時代中期（過去） （団体・個人共存の時代）	大衆化時代後期（現在） （個人旅行拡大の時代）
該当時期	1950年代中頃〜 70年代前期	1970年代前期〜 90年代末期	1990年代初期〜現在
旅行需要の中心と旅行形態	薬業界に始まり家電業界さらに自動車業界と，販売網編成に取り組む販売店対象の招待・接待団体旅行が盛んになり，団体旅行は業界から企業を単位として広がり，さらに地域を単位とするものも登場	大阪万博，ディスカバージャパン・キャンペーンを契機にマスツーリズムが本格化，募集旅行への女性・高齢者が増加し，旅行形態で家族・友人等の小グループ旅行が中心	政治，特に選挙制度変更，経済不況，企業組織の変化を背景に団体旅行が激減，家族・友人旅行の形態も多様化。低廉志向が主だが記念・節目旅行に豪華旅行も。2010年以後外国人旅行者の増加続く
旅行主体の特徴	参加者の主体は，日本人成人，男子・団体，健常者でこれに該当しない人たちは"歓迎されにくい対象"	前半は依然団体旅行が中心，70年代中頃から若年層とともに高齢者層が増加し，この間に女性の参加者が全般的に拡大し，家族・友人による小グループ旅行が利用形態の中心になる	政治資金規正法改定により後援会旅行が禁止されたことにより団体旅行減少は決定的に。旅行参加者はさらに拡大し，身体障碍者の旅行参加は拡大し，外国人旅行者を積極的に受け入れる取組みも*
観光地にみられる全般的な傾向	売春防止法施行（1958年）を契機に観光地が変容。大型宿泊施設中心に飲食・遊興の"館内囲い込み"が始まり，観光地，とくに温泉地の変貌が始まり，散策・町歩きを楽しむ人が減少	ディスカバージャパン・キャンペーンを契機に古くからの町並等への関心が高まる。TDL開業により，テーマパークブームが生まれ，全国に類似施設が誕生。リゾート法施行（1987年）により全国観光地の非個性化が進行，リゾートブームはまもなく消滅	地域振興・観光まちづくり・個性ある観光地への関心が高まる。各地で地域活性化への取組みがみられ，"温泉共同化"などで成果をあげる温泉地も登場。新しい試みの成果は物販飲食分野に限定，"移り気な消費者の興味・関心"に観光事業は翻弄される
宿泊施設の特徴	中小規模施設が多数を占めるが大規模施設や増改築が各地にみられるようになる	大規模施設が増加するとともに小規模豪華施設も誕生。各観光地に"施設格差"が顕著になる	大規模施設の多くが衰退し，中規模に縮小したり低廉施設に変更したり，小規模高級化を図る施設も登場
旅行業の地位・役割	アフィニティグループを主な対象とする団体旅行から始まり，個人対象の募集旅行が徐々に増加，業種として認知が進む	大手業者営業店が全国に展開，業種として認知され，大卒者からも評価	旅行形態が変化，構成要素別販売急増，旅行情報入手・伝達方法多様化，旅行業の地位・役割激変，衰退傾向顕著

利用客への対応	施設・飲食およびサービスは"標準化（＝画一化）"が基本となり，地域の特徴は軽視される傾向が顕著に	一部の高級施設は"高品質・高価格"を志向するが，バブル崩壊とともに瓦解，中小規模施設が安定的に支持される	画一的な施設や食事より特徴ある"普通の対応"が好まれる傾向に。"あって当然意識"はさらに蔓延
サービスに対する認識	個々人の"持ち味"に依存し地域性を温存した段階から"マニュアル型"への移行を目的とし，機能的サービスの向上が当面の目標に	機能的サービス向上は，当然視され，情緒的サービスの高度化が期待され，個別化されたことへの満足が評価に結びつきやすくなる	期待したサービスが提供されない（存在しない）ことへの不満増大，"客意識"各年代に広がるが，サービス無関心，低価格・c/p重視者も増大

＊旅行業と宿泊業の内の旅館業は外国人客の増加に直接関わっていない。

安村　これまで先生のお話をうかがい，〈観光学〉の観光研究の形成と内容構成が明らかになってきました。次の第Ⅲ章では，〈観光学〉の観光教育についてお話をうかがうことにします。

Ⅲ. 〈観光学〉の観光教育

　"観光研究"にもとづいて構築されるのが"観光教育"であり，とくに"大学観光教育"の展開は，ひるがえって観光研究の発展を促進する。

　第Ⅱ章（観光研究と観光学）で語られた観光研究と同様に，"観光教育"についても前田勇は立教大学社会学部観光学科の創設以来，日本観光教育の発展を先導し，大学観光教育を通して多くの有為な人材を世に送りだした。そればかりではない。数多くの研究者も育て，また社会人にも観光教育を広く普及させた。

　2005年に大学を辞した後にも，前田の下に大勢の観光研究者が集い，研究会などを通して指導を受けている。前田が日本の"観光教育"に果たした貢献には，観光研究と同様に計り知れないものがある。

　そこで，前田自身が実践した"観光教育"についての対談を通して，日本の"大学観光教育"の歴史を振り返り，その現実と展望などを考えてみたい。

1. 大学観光教育の展開

安村　はじめに「観光学科」の創設という，日本の"大学観光教育"が実践された経緯について，お尋ねします。

1-1. 学科設置時の観光教育

安村 立教大学は社会学部に観光学科を設置するにあたり，"観光教育のあり方"，たとえば"教育理念"や"教育課程"をどのように考えておられたのでしょうか。まず，この質問からうかがいたいと思います。

前田 新学科開設にあたり教育理念と教育課程が十分に検討され，予定されていたスタッフがそれらを共有していたのかについては，私は明確にお答えできません。確認できる資料が保存されているかどうかもわかりません。

その理由は，私が学科新設にかかわるようになるのは，前に申しましたように［→第Ⅰ章 1-2.］，新学科の名称をめぐって新設が保留となる 1966 年 4 月からで，1965 年から始まった「ホテル・観光関係新学科の設置申請」にかかわっていなかったからです。新学科設置そのものについては文部省の了承を得ることができましたが，新学科名称をめぐって考え方の違いが表面化したことは先に述べた通りで，1966 年度は既存学科の一課程「社会学部産業関係学科ホテル・観光コース」としてスタートすることになります。

私が 1966 年 4 月に社会学部産業関係学科の専任教員となった当時のことを思い返すと，新学科の教育内容について関係者たちの関心・理解ともに高いとはいえませんでした。"新学科設置"に積極的な一部教員の"未来展望"を中心とした抽象的楽観論に影響され，開設科目を担当する知識・経験と直接かかわらない，将来担当できる"潜在的能力の有無"についてもっぱら検討されたと思われます。そのため，適任者とは言い難い人物が複数名ス

タッフとして採用されたことによって，予定されていたカリキュラムの展開がかなり困難なものとなったことは否定できません。発足からしばらくの期間はこのような状況でしたので，安村さんのお尋ねにお答えするのは実際問題としてかなり困難なのです。

安村 わかりました。観光学の教育理念にもとづき教育課程を体系的に構成するということでは，"観光学科のスタート"は必ずしも順調ではなかったようですね。当時，先生はまだお若かったので，学科設置について実質的に携われたとはいえ，観光学科の人事にかかわる役職には就かれていなかったと思われます。

　また，当時は，そもそも「観光学とは何か」も不明確で，観光学科をほとんどゼロから立ち上げなければならない状況であったかと察せられます。"観光研究"もまだ緒に就いたばかりで，観光研究にもとづく"観光教育"もまだ手探りの状態だったのでしょう。先生が観光学科の"観光教育"を築いていかれるのは，"観光学科設置後"となるわけですね。

1-2. 学科生の誇りと自負

前田 しかし第1期生と第2期生は，ともに新しく開設された観光関係学科生であるとの"誇りと自負（プライド）"をもっていました。第1期生とは1966年4月に「社会学部産業関係学科ホテル・観光コース」に入学し，翌年4月に新設の観光学科2年生に"編入"して，1970年3月に第1期生として卒業した学生です。そして，第2期生が1967年4月の観光学科入学者です。

　2学年次から各教員に分かれて展開されたゼミナールへの参加者は多数で，他学科の教員から"寺子屋の集まりのようだ"と評

されることもありました。その意味は，ゼミナール指導教員が学科の教育指導を全面的に行う場合が多いことについて，プラスの意味で用いられた表現だったのです。

安村　最初の観光教育の場には，向学心の高い学生が集まったようですね。

前田　しかし，"大学紛争"が一部の大学から始まり，間もなく全国の大学に広がって立教大学も巻き込まれることになり，授業も中断を余儀なくされました。

安村　立教大学「観光学科」の立ち上がりでは，観光教育の体制づくりにいろいろとご苦労があったようですが，くわえて教育の場に"大学紛争"の影響が押し寄せていたのですね。

　私は1974年4月に立教大学社会学部に入学しましたので，大学紛争は下火になっていましたが，まだその残滓がいろいろとみられました。大学のキャンパス中に学生運動のスローガンを訴える立看板の多くあったのが想い出されます。私は，政治や学生運動にほとんど無関心ないわゆるノンポリ学生でしたが，それでも当時の雰囲気のせいだったのでしょうか，『資本論』を手に取ったりしていました。大学入学後に親しくなった友人の中には，学生運動に参加した者も数人いました。当時の大学には，今の大学にはない，独特な雰囲気がありました。

　大学紛争で立教大学が閉鎖されたのは，私が入学する数年前の1960年代末頃でしょうか。観光学科が開設されて間もなくですね。その当時に先生がなされていた"実際の観光教育"は，どのような"状況"でしたか。

前田　私が勤務していた立教大学では，他大学よりも少し遅れて，

1969 年 7 月初め頃から年末まで，（学生運動の影響のため）正規の授業が開催できない状態となりました。当時の 4 年生となった観光学科第 1 期生は，それぞれすでに地方のホテル等での"実習"に参加しており，授業が行われなくなったことから，施設側の要望によってホテル等で"アルバイト"を継続する者もかなり現れました。

　私は当時 3 年生のゼミナール参加学生であった観光学科第 2 期生の 10 余名と協議して，授業が正常に行えない期間に「観光基礎文献講読会」を継続し開催することを提案して全員の賛同を得ました。

　このような提案が賛同されたのには時代背景が関係しており，政府はこの前年（1968 年）に「国民生活における観光の本質とその将来像」を観光政策審議会に諮問しており，翌年（1969 年）春に（第一次）答申が行われて，まさに"観光の大衆化（国民化）"が本格的に始まろうとした時期でした。第一次答申は「観光とは何か」から始まり，今後の社会における観光のあり方までを論じた画期的なもので，大手新聞が答申概要に「今や観光はたんなる物見遊山ではない」と見出しを付して第 1 面に掲載するほどの社会的反響がありました。

　しかしその内容は多分に理念的で，当時国民が実際に実践していた観光とはかなり異なった"あり方論"に偏っているように感じました。私は，次代を担うゼミナール学生諸君に"答申内容の詳細検討"を 3 学年度前半の共通課題として提示して，10 余回の討論成果を"答申批判"としてまとめ，観光専門誌に投稿したところ掲載され，かなりの反響がありました。

このように"新時代における観光"を考えたという自負があったので，"観光に関する文献"をこの時期に読破しようという呼びかけが賛同を得たのでした。何よりも私自身がこの時期に，当時はごく限られていた観光に関する文献を理解することに強い意欲をもっていたことは，いうまでもありません。

結果として，年度末までの約半年間に6冊の古典的文献を読了することができました。他の授業が実施されないため研究室を会場に週2日の割合で輪読・検討会を開催しました。翌年初めに参加学生が分担執筆した概要と感想を，『観光研究（文献研究）』と題して印刷して"冊子"にまとめました。この一連の作業が私の"観光"理解に役立ったことはいうまでもありません。

安村 現在の大学の学部教育ではあまり考えられないような，観光の現実を踏まえながら"観光研究"とも結びつく質の高い"観光教育"がなされていたのですね。それにしても，先生の指導方法もさることながら，それに応えて熱心に学ぼうとする学部学生の態度にも感心します。

1-3. 観光教育と教育スタッフ

安村 これまでにうかがったお話では，立教大学"観光学科"のスタート時に大学内外の状況に想定外のさまざまな問題点があったようですが，"日本初の観光教育カリキュラム"は，その後どのように整備されていったのですか。

前田 大学紛争で授業も中断を余儀なくされましたが，私は授業の正常化を図る過程において"教育目標と学科カリキュラム編成"の検討に取り組むことになりました。観光学科のカリキュラムづ

くりに改めて取り組むことになる最初の年ともなりました。専任スタッフが各自の専門を生かした"観光研究科目"をできるだけ早いうちに開設することを私は提案して，そのことを学生にも伝えて賛成されました。

　観光学科カリキュラムの全体改編は，1970年代半ばから進められましたが，発足時からのスタッフの専門分野が〈観光から大きく離れている場合が多い〉ことが大きなネックとなったのは，否定できないことでした。

　学科スタッフの多くが学科の主要科目を担当するようになったのは1980年代半ばになってからで，それは〈観光学科を観光学部に拡大する構想〉が具体的に検討されるようになる時期でもありました。このことは，新しい教育にかかわる組織では，スタート時点において理念・目標・スタッフそれぞれについて十分に検討することが，将来の発展に大きく影響することを示しています。とくに"人事"に関しては，"俗人的条件"を優先してしまうと，後々まで影響することを肝に銘じる必要があることを痛感しています。

安村　観光教育に限りませんが，大学の教育課程において教員の科目適合性と人事は，やはり何かと難しい問題のようですね。しかし，1980年代以来，観光学科の観光教育が充実され，1998年の観光学部創設につながっていくのですね。

1-4. 大学院観光教育への展開

安村　「観光学科」の設置から31年を経た1998年に，立教大学「観光学部」が社会学部から独立して創設されました。このときに，

大学院「観光学研究科」が，観光学部と同時に設置されたのですね。先生は，とくに大学院観光学研究科の誕生において中心的役割を果たされました。

　大学院観光学研究科については，どのような経緯から設置申請が行われたのでしょうか。

前田　観光学科が設立して30年近く経過した時点で，観光分野に関する教育条件の変化をふまえて，観光学科の発展的拡大を目指した "観光学部昇格申請" と，"大学院観光学研究科独立申請" が同時に行われました。学部昇格申請については，直接かかわっていないため発言を控えさせていただくこととして，設置申請計画のすべてを担当した「大学院観光学研究科独立申請」については詳細に説明いたしましょう。

　私にとって「大学院観光学研究科」を独立して設置することは，ずっと以前からの念願でした。観光学科が設置されて間もなく，大学院社会学研究科応用社会学専攻課程内に「観光学専修」を設けることが了承され，観光分野を専攻する学生が大学院（修士課程）に進学する道が開かれたのは1971年でした。その後，観光学科卒業後に大学院への進学を希望する者も少しずつ現れるようになり，さらに諸外国，とくに東アジア諸国から留学を希望する者が徐々に増加するようになってきました。

　その結果，1994年になると "観光学専攻者" にたいする教育指導体制が整えられて，応用社会学専攻課程の "一専攻" として学内外から認められるようになりました。

安村　"観光研究者の育成" を目標とする観光教育が，1971年にスタートして，その後さらに学生が観光研究者となる道を拓く大学

院教育が整備されていったわけですね。

前田　はい。しかし，観光を標榜した専攻課程ではないため，学位記には「観光」の文字はなく，観光に関する日本でただ一つの大学院であることを明示することはできませんでした。

　　この状態をふまえて，1996年，社会学部観光学科を"昇格"させ，「観光学部」として1998年度開設する申請に併せて，「大学院観光学研究科」の設置申請についても学内の了承を得ることができました。

安村　観光学研究科の設置申請にあたって，学内での調整は順調であったようですが，その後の文科省での設置申請手続きは滞りなく進められたのですか。

前田　申請にあたっては，当時の最近10年間の「大学院社会学研究科応用社会学専攻課程」の中での観光学専修者（修士課程修了者）の出願・入学・修了者数をはじめ修了後の進路等に関する資料と教育指導体制，また博士学位授与者（博士後期課程修了者，論文を提出して博士学位号を授与された者）の提出論文名等に関する詳細な資料を整えて，自信をもって申請しました。しかし，前例のない大学院の申請であるため，文科省側がどう評価し，取り扱うかについては不安で一杯でした。

　　ところが，文科省の担当者は当方の実績と申請理由を十分に理解されたうえで，〈既存大学院の特定分野を分離・独立させて，独立大学院または課程として認可した「専攻分離方式」という考えを適用した前例〉を紹介され，この方式を適用できる可能性があるとのきわめて好意的所見を示されました。その後「専攻分離方式」を適用するにあたって示された社会人学生の利便を図るた

めの特例等の具体的要項にしたがって，1998 年に正式な申請を行って認可され「大学院観光学研究科観光学専攻」が 1998 年 4 月に開設されました。

安村　"観光研究者"を育成する教育制度が名実ともに整ったのですね。

前田　また,「専攻分離方式」を適用するにあたって，それまで大学院社会学研究科応用社会学専攻観光学専修前期・後期在籍者のすべての在籍者が，新設される大学院観光学研究科観光学専攻の前期・後期課程に移籍することになり，説明会を開催した後，在籍者各人から，署名捺印した移籍条件明記の"承諾書"の提出を求めました。この手続きによって，同時に設置認可された新・観光学部の在籍者は 1 年次のみで，2 年次生から 4 年次生は"卒業まで"社会学部観光学科に在籍であるのにたいして，新・大学院では，博士前期課程 1 年次から博士後期課程 3 年次まですべてに在籍者がいるという，他に例をみない形で発足することになりました。

安村　観光研究者を育成する日本初の大学院観光学研究科の創設過程が，よくわかりました。次に先生が手がけてこられた"観光教育の実践"について，その指導法などをうかがっていきます。

2.〈観光学〉による教育の実践

安村　先生が大学や産業界で"観光教育"を実践されてきた経歴を知る人たちは，その充実した成果に驚かざるをえません。"前田勇の観光教育"は，社会的に広く高い評価を受けています。その

証左として，2017年に「瑞宝中綬章」を授与された理由のひとつは，観光学の発展に寄与された多くの功績のなかで〈長年にわたる観光教育への大きな成果〉でした。そして，指導された教育対象は、大学生に留まらず，社会人，研究者，企業人，公務員，……とあらゆる人々です。

　まず，長年にわたって取り組まれてきた大学・大学院の観光教育について，いろいろとお話をうかがいます。

2-1. 観光教育の指導法

安村　先生は大学において効果的な観光教育を続けられ，学内外で高い評価を受けています。そこで，"指導法"についてうかがいます。大学での観光教育においてどのような"指導法"を用いられたのですか。

前田　ここでの"観光教育"とは，学部一般学生を中心として，さらに受講生全体を対象として行う"講義"と，限られた少数の参加者を対象とする"ゼミナール"での指導に分けて考えることにします。

講義の教授法

前田　私の講義形式の担当科目は1970年代には，「消費心理学（毎年）」と「観光心理学（隔年）」で，「消費心理学」は産業関係学科をはじめ他学科生の受講者も多く，テキストを使用して，しばらくの間は謄写印刷版で2回改訂版に改めていましたが，90年度半ばから著書（出版本）を使用しました。半期で終了する科目を連続開講する形式とし，さらに半期の講義で5回ごとに中間試験を行う形式を採用して理解向上に努めるようにしていました。

安村 "講義"科目の教育方法をうかがうと，オーソドックスな授業の進め方に聞こえますが，成績評価が厳しいのにもかかわらず，受講生の評判がとてもよかったと聞いています。やはり講義の内容が充実していたのは，"テキスト"の作成や改訂などによって，"講義の準備"が念入りになされていたからなのですね。

ゼミナールの指導法

安村 "ゼミナール"の学生指導は，どのように進められましたか。

前田 "ゼミナール"は，比較的早い時期に，1年次に基礎ゼミを配置し，2年次から4年次にゼミナールを配置するように制度変更しました。2年次生は文化・行動理解の基礎に関する文献講読を中心として，3・4年次生は年間を通して合同で開催し，前期は特定テーマについて文献研究，後期は3年次生によるテーマ研究発表と4年次生による卒業論文中間報告会を各3回程度行いました。また夏季休暇末には2年次から4年次生までの合同ゼミナール合宿を3泊4日の日程で開催し，あらかじめ提示した学修テーマにもとづいて，問題提起報告をはじめグループ討議・全体討議を行い，理解に努めるようにしました。夏季合宿は，1970年以来，毎年開催されました。

　私のゼミナールは，発足時以来，卒業論文作成・提出を"必修（決まり）"としており，他ゼミナールとは異なる"伝統・自慢"ともなってきました。テーマは各人自身で選定した観光関連課題がほとんどでしたが，教授が指定したり，割り当てたりしたことはありません。ほとんどが予定通り提出できたのは，それまでに必要となる準備に段階をふんで学修してきたことが主たる理由であると考えています。

私は，"自由七科"の考え方にもとづいて学部ゼミナールを長く指導してきましたが，それは"人間教育のための取り組み"としてであって，「何時でも（時代と社会的状況にかかわらない）」「何処でも（どの大学等においても）」「誰にでも（誰が担当しても）」成立するとはいえない面があることも確かなことです。

　なお，〈実社会において役立つとされる事柄〉を意識して取り上げることは全くなく，またそのことが学生の就職等に影響を与えたという経験もありません。しかし，それらは私のゼミナールにかかわる"ひとつのエピソード"としてみるのが適当のように思います。

安村　お話に出た"自由七科"に関しては，それを参考にした"観光教育のあり方"を先生が"観光七科"として提言されています。それについては本章の最終項（4-3.）であらためて詳しくお話をうかがいたいと思います。また〈実社会において役立つとされる事柄〉と観光教育の"関係"についても，現在の観光教育で考えなければならない課題ですが，これについても本章の最終項（4-3.）でご意見をうかがいます。ここでは，"先生のゼミナール"について引き続きお話しいただきます。

2-2. 卒業後も続く卒業生教育

安村　私の立教大学学部生時代，1970年代後半頃ですが，社会学部観光学科において"前田ゼミナール"の人気が殊更高いことは学部内でも評判でした。同時に，先生の厳しい指導にも定評がありました。実際に，多くの学生が毎年度"前田ゼミナール"で勉学に励んでいました。

それらの学生は，先生を慕い，卒業したり大学院を修了したり
した後も，定期的な会合やさまざまな催しで大勢集合しています。
卒業生が，いまも前田ゼミナールの１期生から参加し，いくつか
の集いのなかには，結婚後に家族と一緒に参加する会合もあると
聞きました。その会合は「現代文化懇談会」というそうですね。
「現代文化懇談会」とは，先生に何らかの指導を受けた卒業生の
"定例勉強会"なのですか。

前田　はい，そうです。「現文懇（げんぶんこん）」とよばれています。

閑話風解説（Ⅲ-1）　前田ゼミナール「現文懇」の活動状況

　前田が立教大学を辞した年度の 2003 年 2 月に発刊された，「現
代文化懇談会（現文懇）」（立教大学"前田ゼミナール OB 会"）の『35
周年記念誌―前田ゼミと前田先生の記録』が私の手許にある。

　その記念誌によると，「現文懇」は 1977 年に第 1 回発会式があ
って，2003 年の第 29 回まで続けられている。記念誌は，15 周
年（1982）第 9 回，25 周年（1993）第 19 回，30 周年（1998）
第 24 回，35 周年（2003）第 29 回の記念会にそれぞれ発行された。

　第 29 回「現文懇」（35 周年記念会）には，前田と家族 6 名，来
賓 5 名，大学院修了者などの特別会員 9 名のほかに，卒業生会員の
第 2 期から第 31 期（最終期）まで 67 名が参加した。"前田ゼミナ
ール"の時を越えた絆がいかに強いかが感じられる。

　現文懇『35 周年記念誌』には"前田ゼミナール"の 33 年間に
及ぶ「卒業論文題目」「合宿」「卒業旅行」などの記録があって，"前
田ゼミナール"の学修活動がとても充実していたことがわかる。

安村　学生の卒業後にも「現文懇」という形でゼミナール活動が続

く状況をみると，"前田ゼミナール"を通して，卒業生が生涯にわたり"自学自修の勉学態度"を身につけ，"人間力（human resourcefulness）"を涵養してきたことが窺い知れます。そうした勉学態度は，先生が提唱される「自由七科」の教育方針が"前田ゼミナール"を通して培われた成果にちがいありません。

　また，先生は，立教大学の在職中に，大学院でさまざまな国から多くの留学生を受け入れ，彼／彼女らの研究を指導されました。その留学生たちは，卒業後や大学院修了後に「現文懇」に参加しています。先生は，ときに留学生の母国まで赴き，留学生との共同研究のような形で研究指導をされていました。それらの留学生が大学院修了後も，訪日すると先生の元を訪れていますね。

　次に〈留学生にたいする観光教育〉についても，うかがいたいと思います。

2-3. 留学生への観光教育

安村　私が立教大学社会学部に在学していた1970年代後半に，前田先生の研究室において欧米やアジアの留学生が数人ずつ学んでいました。その後，先のお話にもありましたが，1980年代以降には先生の研究室でさらに多くの留学生が学ぶようになりましたね。〈留学生を対象とした観光教育〉については，どのように考えていらっしゃいますか。

前田　外国人留学生の場合は，それぞれが学んできた学修内容だけではなく学修の仕方が異なることに留意する必要があると考えています。とくに研究テーマ・方法などの選択に関して，学生が指導教員の指示に従うのを当然とする地域から訪れた場合，その指

導で〈理由が妥当ならば各人の選択をできるだけ尊重する〉と，当該の学生はしばらくの間は困惑することになります。それまでにどのような環境で学んできたかについて，時間をかけて理解することが必要なのでして，生活文化や慣習についても性急に結論を出したり，〈○○だ〉と決めつけたりしてしまうことのないようにすることが大切だと考えています。

　当然のことですが，〈平等に行うこと〉〈否定する前にこのように考え・表現するとどうなるかを説明すること〉などについて指導することも大切です。また"エスノセントリズム（自国民中心・優位発想）"にたいしては，これを否定することが基本ですが，それぞれが〈学んできた教育の違いを理解する〉ことも必要です。

安村　留学生にたいする先生の教育方針がよくわかりました。そして，その教育方針が実践されていた成果は，40年足らず前になりますが，私自身が目撃しています。

　私は，立教大学社会学部で助手をしていた1980年代半ば頃の時期に，助手室に顔を出す多くの留学生と知り合いました。確かに先生の研究室の留学生は，どの留学生もそれぞれに個性的で元気でした。先生の研究室の留学生たちが，とくに生き生きと学んでいたのが印象的で，〈観光学〉研究についていろいろと熱く"偉そうに"語り合っていたのが懐かしいです。

　そして，その留学生たちは，学業を修了して日本国内や各自の母国で就職した後も，先生の研究室や会合に訪れていますね。そのような様子もまた，私の印象に強く残っています。先生の観光教育は，留学生についても卒業後や修了後にも続いています。

　さて，先生が取り組まれている観光教育は，大学・大学院関連

の教育だけにとどまりません。次に，先生が大学・大学院教育とともにずっと続けてこられた"観光学の社会人教育"についてお話しいただきます。

3. 大学教育を超えた観光教育と勇朋会

安村　先生の観光教育の対象は，大学生や大学院生だけでなく，若手や中堅の大学教員，観光研究に取り組む社会人や実務家などまで広がっています。"社会人の観光研究"では，さまざまな機会や会合などを通して，先生から観光研究の指導が受けられます。私も先生の指導を受けている一人です。

　たとえば，社会人を主たる対象とする会合については，先生が主宰され2006年から毎年2回ずつ開催されている研究会，後で詳しくうかがいますが，「勇朋会」などがその代表的な会合です。

3-1. 研究者への観光教育

安村　研究者の観光教育において，先生は指導する各研究者の主張に常に耳を傾けてくださり，研究者の意見があればいつでも丁寧に議論をしてくださいます。研究者にたいする先生の指導の姿勢は，どのような場合にも一貫しています。このような研究者への観光教育によって，観光研究のさまざまなテーマにおいて，先生の門下から多くの優秀な研究者が輩出してきました。

　私も，優秀ではありませんが，先生のご指導の下で博士号（観光学）を取得した研究者の一人です。2001年3月でした。当時私は，北海道北見市の大学に所属していて，研究指導のために立

教大学池袋キャンパスにあった先生の研究室を何度か訪れ、ご指導いただいたのが懐かしいです。

　ご指導いただいた後は、いつも食事に連れて行っていただき、学術から世間話まで多くのお話をうかがいました。実際、博士論文を作成しているうちに、どこまでが先生のご意見か、どれが私自身のアイディアかが混線してしまうほど、多くの貴重なご示唆を頂戴しました。私は当時 40 歳代半ば頃の年齢でしたが、今思い起こすと、あの時期に最高の"観光教育"を受けられたと、あらためて感激しています。

　私も含めて、先生の指導を受ける若手あるいは中堅の研究者が先生から学んでいることは、第Ⅱ章（〈観光学〉の観光研究）でうかがったように、先生ご自身が方法論に則って観光を探究する"研究理念"と、観光研究に真摯に打ち込まれている"研究活動"への情熱的な姿勢だと思います。

　先生の研究指導を受ける人たちは、大学院で研究歴を積んだ研究者だけにかぎりません。先生による観光教育の機会は、研究者ばかりでなく、〈観光研究を志す社会人〉にも広く開放されています。実際、多くの社会人が先生に師事しています。

閑話風解説（Ⅲ-2）　学術書の作成による研究者への観光教育

　研究者を対象とする観光教育の成果として，前田勇が 1996 年と
2003 年に編纂された学術書，1996 年『現代観光学の展開―観光
行動・文化観光・国際観光交流』と 2003 年『21 世紀の観光学―
展望と課題』（共に学文社）が上梓されている。

　もちろん，この 2 冊の書籍は，〈観光学〉の展開を目論んでなさ
れた取組みであるが，同時に，観光研究者を対象とする"観光教育
の機会"であるとも考えられる。

　この両著書の作成についても，第Ⅰ章（観光学の出立点）2-3. で
『現代観光総論』（学文社，1995 年初版，2015 年より新版『新現代観
光総論』）について触れたのと同様な，前田による企画編集の仕様が
採られた。つまり，編著者の前田が書籍の全体的な編集目的を各執
筆者に明確につたえ，執筆要項と指針が示されたうえで，執筆者に
担当するテーマが割り振られた。

　そして，著書の作成においても，前田は執筆する各研究者の主張
に常に耳を傾け，研究者の意見があればいつでも丁寧に議論をした。

3-2. 社会人への観光教育

安村 先生は、どのようなお考えのもとで"社会人の観光教育"を続けておられるのでしょうか。〈社会人を対象とする観光教育〉について、先生のお考えをお話しください。

前田 観光研究に関心や興味をもち、仕事に従事しながら研究あるいは関係した教育活動に従事している人たちの受入れ・指導等にも私は長くかかわってきました。観光関係出版業に勤務しながら学会員となり個人的な研究会にもずっと参加してきた方、観光関係専門学校の教師を務めるとともに特定地域の観光振興に関する調査実施に取り組んでいる方などがおられます。

　このような方々にたいしては、現在取り組んでいるテーマに直接関係する事柄について、適時助言を行うことに重点をおいて指導すべきだと考えています。学術的基礎についての知識修得などは後回しにしてもよく、研究のまとめや調査結果分析などの段階において、適宜指導するようにしても大きな支障があるわけではありません。何よりも重要なのは、研究することへの意欲を尊重し、継続できるように支援することなのだと思います。

　社会人の場合、研究成果などについての"時間的区切り（目標）"に関する感覚が、学生の場合とは異なることにも留意する必要があります。なお、研究報告などの資料に（勤務先の）担当業務とのかかわりで作成したものが入り込むことには、とくに注意することも必要です。

3-3. 勇朋会という勉強会

安村 前田先生が主宰され、研究者や社会人が集う"勉強会"があ

ります。私はこの"勉強会"に〈観光学〉"観光教育の本質"が
あると感じられます。そこで，この"勉強会"についていろいろ
な質問をさせていただきます。

勇朋会のスタート

安村 研究者や社会人を対象とした"勉強会"の主旨などについて
もご説明いただきたいのですが……。私も，最初からずっと，ほ
とんど毎回参加させていただいている"勉強会"がありますが，
あらためてうかがいます。どのような内容の勉強会を開催してお
られるのでしょうか。

前田 この"勉強会"を定期的に開催するようになったのは，私が
立教大学の専任，さらに兼任講師も辞して，少し後の 2006 年の
ことでした。構想と計画とをまとめて，元研究室のメンバーたち
と継続して研究指導にあたってきた社会人の方々に加えて，研究
に関して個人的に親しい幾人かの他大学の方に"開催趣意書"を
お送りしました。ご参考までに"開催趣意書"をご覧に供します。

「研究会」開催主旨

1. "研究会"開催の主旨と目的

   1) 観光研究の方法の基礎を再検討する場・機会をもつこと

   観光（およびサービス）に関する研究には，他分野以上に，使用用
語や概念を明確化することと，研究方法の信頼性と妥当性に関する
吟味が求められます。

   それは，観光は誰もが体験できるものだけに，個人的感想の世界
とは異なることを明確にし，観光行動や事象を科学的に説明するも
のでなければ，観光研究の名に値しないという，きわめて当然の理

由があるからです。

　現在，研究発表とされているものの中には，対象についての"個人的な語り"を基本として，一見すると学問的研究のようにみえるだけのものが多くみられます。その最大の理由は，前記した使用用語・概念と研究方法の吟味といった，研究の最も基本的部分が欠落あるいは不足していることにあると考えられます。

　観光研究のレベルアップを目指すために，まずは親しい少人数の研究者が集い，少しずつ前進することを図る必要があります。

　2）観光研究に取組む"姿勢と問題意識"の共有化を図ること

　観光（およびサービス）に関する研究に適用することができる理論や方法は無限といってもよいほどあります。しかし，このことは誰でもが勝手に取り組んでもよいということを意味していません。観光分野の「何に」ついて研究し，「何を」明らかにするのか（するべきなのか）には，相互に理解し合える"共通の課題"があるのです。小規模の研究会での討議を通して，少しずつ問題意識の共有化を図り，その成果をまとめ上げ，観光研究の発展に寄与したいと考えています。

　3）観光研究に取組む意欲をもっている方々に広く研究報告の機会を提供すること

　観光（およびサービス）に関する研究は，大学教員だけが行っているものではありません。広義の観光にかかわる仕事に従事されながら，観光について研究している方も研究してみたいと考えている方も大勢おります。これらの"いわゆる在野の研究者"が，観光分野の専門教員から個人的に研究指導をうける機会はごく限られています。これらの観光研究に意欲をもっている方々が研究報告し，助言を受ける機会をつくることは，観光研究の発展と活性化に役立つものと考えています。

2.「研究会」の名称について

　ここまで「研究会」と記してきましたが，会場の表示などのためになんらかの名称が必要となります。研究会名称は「勇朋会（ユーフォー会）」としましたが，この名前はUFOにも，"言い放し"の意味もあるかもしれませんが，私の（名前＝勇）研究仲間であることを意味しており，"気軽に討議しよう"という気持ちを表したものです。

3. 研究会（＝勇朋会）の開催要領・内容および報告者について

　1）研究会の開催要領

　この研究会は，毎年7月末と12月末（当分は12月23日〈祝〉）に，適当な会場で開催することを原則とします。開催主旨・目的に賛同された方であれば，どなたでも参加することができますが，"参加者は同時に報告者"であり，"参加者が交替して報告者となること"を基本としていることにご留意下さい。また参加者は，研究会開催時に開催雑費を支払うとともに，研究報告者には参加者分の要旨等のコピー代を負担していただきます。

　2）研究会の内容構成

　研究会は，「研究報告」「研究構想報告」「私の研究（報告）」「研究講話」などから構成され，それぞれパワーポイントを使用して口頭報告と討議を行います。また，特定課題について複数の報告者が報告し，討議する形式の「シンポジウム」を適時開催します。それぞれ，報告者は「報告要旨」を準備するものとします。

　3）各研究報告形式

　「研究報告」は，大学等で教育・研究に従事している方（大学院博士後期課程在籍者を含む）が行うことを原則とし，取組んでいる（取組もうとしているものを含む）課題について，その概要または問題点などについて発表するものとし，報告にあたる方は，結果よりも研

究課題をどのような手続きによって整理したのかなど，研究の前提条件整理と適用方法論に重点をおいて下さい。報告時間 40〜50 分程度（質疑応答時間を含めて 60 分程度）を予定し，要旨・資料等は 4〜6 頁程度とします。

　「研究構想報告」とは，観光に関わるテーマについて，「何を・どのように」研究するのかを中心として，30 分程度（質疑応答時間を含め 45 分程度）で発表していただくもので，要旨・資料等は 2〜4 頁程度とします。なお，大学に所属していない報告者の場合は，報告内容および要旨作成に関し，事前に大学教員の指導を受けるようにし，適当な方がおられない場合は，主宰者（前田）にご相談下さい。

　「私の研究（報告）」とは，大学で教育・研究に従事している方が，現在取り組んでいる特定の研究課題について，研究主旨と目的，方法・手続き・条件，現在までの成果と今後の方向などに関して，紹介していただくもので，要旨・資料等は 2〜4 頁程度，報告時間は 30 分程度（質疑応答時間を含め 45 分程度）とします。

　「研究講話」とは，大学で教育・研究に従事している方が，特定の領域や課題に関して，解説あるいは問題提起を行っていただくもので，講師は主宰者が依頼することを原則とします。講話時間は 30〜45 分程度（質疑応答時間を含めて 45〜60 分程度）を基本としますが，講話に引き続いて「シンポジウム」等を開催する場合があります。

（前田　勇）

安村　皆さんの反応はいかがだったのでしょうか。

前田　うれしいことに，ほとんどの方が開催に賛同され，参加するとのご返事をいただきました。"勉強会"は，個人の研究発表の場と機会をつくることが中心ですが，研究の仲間づくりも大切な

ことです。

　日曜日など休日の午後から夕方に開催し，その後に簡単な懇親会を開催して解散ですが，都合のつく方たちとはお酒を飲みながら歓談するというスタイルをとっておりまして，発足当時から現在に至るまで続いています。

　「勇朋会」の第1回から第20回までの記録（プログラムの概要，研究報告者など）を編纂して，『勇朋会10年間の歩み』として，2015年12月に参加者に配付しています。

勇朋会の運営

安村　参加者は固定されているのですか。新しく入会する方もおられるのですね。

前田　参加メンバーはスタートした当時とほとんど変わってはいませんが，途中から加わった方も若干おられます。私の基本方針は「来る者は迎え入れるが，去る者は追わない」です。「勇朋会」には"緩やかな運営ルール"はありますが，大人を対象とした"ゼミ"のようなものです。途中から参加された方には，最初はオブザーバーとして加わっていただき，「2・3回先に報告者となってもよい」ことを"条件"にメンバーとして参加することを認めています。

安村　開催回数が増えるとともにプログラムも多彩になってきているようですが，最近とくに重視しておられることがありますか。

前田　最近の一般的傾向として，従来の学問分野別の壁を壊して，新しい協力体制をつくろうとする動きが自然科学分野をはじめさまざまな領域でみられるようになってきていると思います。このようなことをふまえて，いろいろな分野に広がっている新しい研

究書を"図書紹介"プログラムで私が参加者に紹介するようにしています。

2017年12月の第24回では，国立国語研究所が開催したシンポジウムの成果をふまえた『オノマトペの謎（岩波科学ライブラリーシリーズ）』を紹介しましたが，サービス教育にあたっている参加者から「とても参考になった」と好評でした。

2018年12月の第26回では"医療サービスへの行動経済学の応用（貢献）"を取り上げている新著を紹介しましたが［→第Ⅱ章〈〈観光学〉の観光研究）4-2.］，その内容については以下の「資料」をご参照いただきたいと思います。

資料 「（第26回）勇朋会」関係資料〈図書紹介〉
紹介書名；『医療現場の行動経済学』

1. 図書概要；
   1) 書　名；『医療現場の行動経済学』（本文265頁＋索引・文献26頁）
   2) 出版社・出版年月；東洋経済新報社，2018年8月〈初版年月〉
   3) 編　者；大竹文雄（大阪大学大学院経済学研究科教授〈労働・行動経済学〉）

      平井　啓（大阪大学大学院人間科学研究科准教授〈健康・医療心理学，行動医学，行動経済学，サイコ‐オンコロジー Psycho-oncology〉）

2. 本書の話題；
   ＊ 本書は2018年8月に出版の"医療関係専門書"であるが，出版後わずか3ケ月で3版となったのは，医療関係者以外の"消費者対応業務"に従事する人たちの興味・関心を集めたことが関係

しているように思われる。それは，本書が行動経済学を応用し，医師が患者に症状・治療などの説明を有効に行なっていることについて，「……医療者向けの本だが，医療者を売り手，患者を顧客と置き換えてみると顧客の購買行動に適用できるように思える……」と全国紙のビジネス書紹介欄に記載されたことにより，「クレイマー（Claimer）」「モンスター（Monster）」などと称される"厄介な消費者"への対応に日々難儀している企業等関係者が，"参考になる知識や方法などを学べるのでは"との期待から購入した読者も少なくなかったように思われるからである。

＊　本書はまた，近年増加しつつある"対話トラブル一般"に関して，多角的に学術的考察を加えた興味深い専門書としての性格を併せもっていることも確かである。

3．本書の内容と特徴；

＊　本書は，第1部；医療行動経済学とは，第2部；患者と家族の意思決定，第3部；医療者の意思決定の3部から構成され，第1部で行動経済学の考え方，用いられる概念について全般的説明を行い，第2部・第3部では事例にもとづいて，対応の仕方と反応の実際などについて説明している。

＊　行動経済学について，十分かつ的確に説明されているとは言い難い面も多々あり，行動経済学の医療への応用について行ってきた研究会などでは，日常的に平易に用いられているであろう"専門用語"を理解するのに苦労する読者は少なくないように思われる。

＊　評者が，医療サービスの実践と評価との関連から，特に興味をもったのは，第3部第13章「他人を思いやる人ほど看護師に向いているのか」であった。本章での研究結果では，「担当した患者の喜怒哀楽を，自己の感情にシンクロナイズさせる傾向のある（純粋に利他性の強い）看護師は，心理的にバーンアウトしやすい

傾向がみられ，過度のストレスによって疲れ果て（燃え尽き兆候群と称される）が認められている。この問題は，対人サービスに多年従事し，安定した応対で評価されるベテランの特徴，〔利用者からの評価・組織内評価・同僚による評価との関係〕また〔一部有力顧客・多数一般顧客・組織内評価それぞれの関係〕などに関する考察の参考になる点が多い。後半の事例紹介の章での患者の応対（特に要望の申し出）で特徴があったのは，登場する患者の多くに「自分の希望や考えをかなりはっきりと発言する傾向」が認められることであって，いわゆる"関西人（特に大阪人）に特徴的な言動傾向"であることには十分留意する必要がある。

　それは，執筆者である医師等（19人）の内の11人が関西の大学・病院勤務者であることに密接な関係があり，記載内容にも影響を与えていると考えられる。

注：「サイコ‐オンコロジー（Psycho-oncology）」＝「がん（癌）」が個人・家族の心理に与える影響と「がん」発生への心理的要因の影響とを研究する領域として心理学と腫瘍学を組み合わせた造語として1980年代後半から国際的に用いられている用語。
「リバタリアン（Libertarian）」＝自由信奉者，個人主義優越論者（対極はコミュニタリアニズム）。
「パターナリズム（Paternalism）」＝温情主義，温情（的干渉）主義とする説明的訳語もある。
「ヒューリスティック（Heuristic）」＝決まった手順ではなく，ひらめき・思いつきによる問題解決法。
「ナッジ（Nudge）」＝（他者の）注意を惹くためにそっと知らせること（肘をそっと押すこと）。
「デフォルト（Default）」＝債務不履行の意味で用いられることが多いが，コンピュータ用語の"初期設定"と同様で，"（予想される）標準的な行動傾向"の意味で用いられている。

4. 本書についての評点；

* サービス研究特にサービス評価の参考になる点が多い。行動経済学（最新の社会心理学でもかなり有効）に関する基礎知識が必要不可欠なことに予め留意。

（紹介・評者：前田　勇）

安村　このような新しい研究書の“図書紹介”プログラムをみただけでも，先生の“研究”における守備範囲の広さや，あらゆる領域にかかわる知識の摂取量の大きさに驚かされます。また，それらの研究が“教育”に遺憾なく反映されていることにも敬服します。このことは，これまでのお話のなかでも何度か触れたのですが，その意味の重大さにあらためて感じ入ります。

　そして，勇朋会には私も参加させていただいていますが，以前から学術的学会のあり方や研究大会など，全般的に何かマンネリ化を感じている私にとって，勇朋会の議論にはとても刺激があります。先生が主宰される研究会ですが，先生が全体を統括されるというよりも，参加者がみな研究や学修という当たり前の目的をもって主体的に取り組み，また参加者それぞれの多彩な個性が研究会に発揮されているのも魅力的です。

　勇朋会は，その開催される主旨が学会の目的とは異なりますが，いまの学会にはない“真剣かつ自由”な研究の場という雰囲気をもっていると感じられます。勇朋会が今後ともながく続けられることを願ってやみません。

4. 大学観光教育についての課題と新構想

安村 さて，話題を"大学観光教育"に戻しますが，本章の最後に"日本の大学観光教育の課題"と，先生が提唱されている，「自由七科」にもとづく「観光七科」の大学観光教育構想についてお話をうかがいます。

4-1. 大学観光教育の課題

安村 現在，日本の"大学観光教育"は，立教大学観光学部の後に続いて多くの大学でなされています。戦後日本の大学における"観光教育"について，全般的にみると，先生はどのような感想や印象をもっておられますか。

前田 この質問については，同様な問い合わせや疑問等も多々あります。観光学術学会は2015年7月開催の第4回大会において"大学における観光教育"のテーマでフォーラムを開催しており，私も報告者の1人として発表を行っています。私の報告を要約すると，こうなります。

第一に，大学における観光教育は独立学部学科が，カリキュラムにもとづくものと，教養科目として開講している場合とがある。

第二に，観光関係学部学科は1990年代末までは限られていたが，2000年代に増加し始め，とくに2000年代半ば以降に急激に増加した。その理由として，観光の活発化という社会動向を背景に若者たちのニーズに応えたものと考えられるが，規制緩和が図られたことにより教員資格や科目名称等も大幅緩和されたことも大きく関係したと思われる。

第三に，結果として，観光関係の学科名称は多様化し，開設科目は「観光○○論」「ホスピタリティ○○論」「サービス○○論」が多く，また「国際」「文化」「地域」などの"語"を冠した科目も多い状況が共通して認められる。

　そして第四に，共通する基本的課題として，カリキュラム・教材等の不備を含む指導する側にある問題と，進学・選択理由が曖昧・不明確など，学生・受講者側にある問題とがあり，さらに〈大学在籍中に職業教育に重点を置くことを必ずしも歓迎しない社会風土的条件もある〉。

　以上です。

安村　大学観光教育の現状は，ご指摘の通りだと思います。

4-2. 職業教育としての観光教育
大学の職業教育を重視する動向と観光教育

安村　大学教育において〈職業教育に重点を置くことを必ずしも歓迎しない社会風土的条件〉がある，というご指摘がいま先生からありましたが，ここ数年，とくに 2017 年あたりから文部科学省が"職業教育としての大学教育"を指導するようになりました。

　文科省の指導等によって全般的に"職業教育としての大学教育"という流れが強まるなかで，先生は，観光の"職業教育"が大学の教育課程においてどのように取り扱われるべきだとお考えですか。

前田　この問題は，大学に導入されてすでにかなりの年月が経過している"インターンシップ"をどう評価するかという問題とも関係しているものです。インターンシップ制度の意味と目的は，仕

事を実際に経験し，職業の実際の一端を学ぶとともに，自分自身の職業適性を知ることによって，進路選択に役立てることとされていますが，職業教育を受ける側の学生からの評価・要望などが把握されておらず，改善すべき事柄などが明確化されてはいないように思われます。

　仕事に関して，実践されているのはそれぞれの一部分ですが，それは具体的な仕事そのものも同様なのであり，実践の対象は常に具体的な活動の一部分だけなのです。これにたいして，学術研究・理論研究の対象となるのは実践された部分を集めて"仕事"として抽象化することによって把握されたものです。"実践"においては，個々の具体的状況を詳細に把握することが求められ，"理論"においてはサンプルとして把握した個別・具体的なデータを手がかりに，全体像を推測する方法にしたがうことが求められています。

　この点を誤りのないように指導することが共通した課題です。とくにインターンシップにおいては，研修時にたまたま生じる"楽""簡単""気軽"といった体験が，どのよう状況で，どの程度生じるのかを理解させることが，仕事の実際を学ぶためには大きな意味をもっています。

閑話風解説（Ⅲ-3）　大学観光教育の職業教育

　"職業教育としての大学観光教育"については，以前から観光研究者の間で議論されてきた。また実際に，観光関連の学部・学科では"職業教育としての大学観光教育"を教育目標として掲げる大学・短大も増えている。

さらに，文科省によって「専門職大学・専門職短期大学」という新学種が，学校教育法の一部を改正して2017年度から制度化され，その中で“観光”がひとつのモデルとしてあげられた。「専門職大学・専門職短期大学」では，卒業要件となる単位のうち約3割から4割程度は，“実習・実技”の授業をすることとされ，産業界等と連携した教育を目標として臨地実務実習の必修が義務づけられている。また，専任教員数の4割以上は関連業界で豊かな経歴を有する実務家教員とすることも規定された。

このように“職業教育としての大学観光教育”が，その適否を含めて，観光研究者の間でいよいよ本格的に議論されなければならない課題だと感じられる。この課題は，観光研究とともに，観光教育の“学術と実務”・“理論と実践”の問題にも関連する［→第Ⅳ章（観光学の原点回帰）1.］。

しかも，近年には大学が学生の“就職実績”に力を注ぎ，まるで専門職大学・専門職短期大学であるかのように，教育課程のなかに“職業教育”や“就職支援”の関連科目を編成する大学・短期大学も少なくない。“職業教育としての大学教育”の社会的趨勢が，大学教育に影響を与えていて，とくに“大学観光教育”にはその影響は大きいようにみえる。

文科省が大学教育に影響をもつことに，その理由はともかく，筆者は，疑問を感じざるをえない。大学側としては国公立でも私立でも国の財政的支援を受けなければならないので，文科省の大学への影響力は増大するばかりだが，大学は“自由の学府”として，各大学が独自の教育を実践できるようにしたいものだ。

職業教育に抗するリベラル・アーツという教育理念

安村　先生のゼミナール運営についての考え方や職業教育について

の見解をうかがったかぎりでは，先生は"職業教育としての大学観光教育"の効果が"限定的"と考えていらっしゃるようです。

　これからお話をうかがう「観光七科」の大学観光教育構想では，観光教育が"リベラル・アーツ（自由七科）"の教育理念を基礎とすると主唱されているのではないでしょうか。

前田　ええ，その通りです。

　先ほどの観光学術学会でのフォーラムの話に戻りますが，大学観光教育の状況を指摘したうえで，私は個人的見解として断ったうえで，大学での観光教育の基本課題は，〈コミュニケーション力を高めるための表現力づくり〉と〈科学と芸術の基礎を知ること〉であり，中世ヨーロッパで重視された「自由七科」を参考に，観光教育の共通基礎として「観光七科」を設定することを提唱しました。

　なお「自由七科」とは，文法・論理学・修辞学などの初級三科と算術・幾何・天文・音楽など上級四科を合わせたものですが，何を「観光七科」にくわえるかについては学会などでのフリートーキングを参考に，当該学生たちに好まれる科目を加えることも必要です。

4-3.　観光七科の構想

安村　「自由七科」と「観光七科」について，もう少し説明をお願いします。

前田　「自由七科」と「観光七科」については，すでに簡単に紹介しましたが，ここでこの言葉の意味などについて，あらためて説明しておきたいと思います。

「自由七科 Cartes Liberales（英語では Liberal Arts）」とは，中世ヨーロッパにおいて，教養を高めるために必須とされた科目群のことを意味しています。この言葉はローマ時代の哲学者であるとともに政治家でもあったキケロ（Marcus Tullius Cicero）が〈自由ローマ市民たるにふさわしい教養〉として用いたとされ，2世紀に設立されたアレキサンドリア学問所のカリキュラムに組み込まれていたものです。

　「自由七科」は「文法」「修辞学」「論理学（弁証法）」の「初級三科 Trivium」と，新たに知識を得るための方法である「算術」「幾何学」「天文学」と人間ならではの表現である「音楽」の4科目からなる「上級四科 Quadrivium」から構成されました。

　ローマ帝国が崩壊して約330年後に現在の西ヨーロッパに該当する地方を再統一し，この地域全体の支配に成功したチャールズ大帝（カール大帝）は，各地に大学を設置するにあたり，神学・教会法・医学の3種の大学で学ぶための予備教育教科として自由七科を位置づけました。やがて，初級三科とされた科目群は哲学型学部へ，上級四科に区分された科目群は自然科学系統学部へと，それぞれ発展するようになっていきます。

　私が観光学術学会開催のフォーラムにおいて，観光系大学の学部・学科での共通基礎科目として，この自由七科に倣って「観光七科」を選定することを提唱したのは，観光経済学科とか観光経営学科などのように，観光に関して高等教育を行う機関であると標榜する大学は，〈学んだ人たちは一定の知識と問題解決力をもっている〉ことを保証する責任があるのではないかと考えるからです。各大学はそれぞれに教育理念と方針とにもとづいて，社会

で活躍するに必要な知識・技能の修得をめざしますが，それ以前にすべての大学に求められているのは，基礎知識と教養のある人材を育成することなのです。

　このように考えると，観光関係教育機関は，観光分野で求められると考えられる知識と教養に密接に関わる基礎科目（群）を「観光七科」として選定し，それぞれに相当するカリキュラムを配置することによって，首魁的な期待に一歩近づくようになるのではないか，としたのが私の考えでした。

　実際に，観光理解のためにどのような科目を共通基礎科目とすべきかについてはさまざまな論議があると思います。心理学・社会学・民俗学・歴史学・地理学など社会人文科学分野だけをみても，多くの学問があることは明らかです。“ひとつの学問”としてまとまりがあるものよりも，人間はそれぞれに生きているという事実を再考察することに役立つ知識群を，私はより重視したいと思います。

安村　先生が提唱される「自由七科」と「観光七科」の思想は，観光教育に留まらず，現代日本の大学教育であらためて問い直されなければならない課題だと思われます。

　大学教育の教育課程については「大学教育の分野別質保証の在り方」が，2008 年に文科省からの依頼で日本学術会議によって審議され，その後，学問分野別の「参照基準」が作成されているようです。今のところ（2020 年時点），観光学で参照基準が作成されたとは聞いていません。しかし，参照基準はともかく，今後，観光教育のカリキュラムについての議論が必要だと思われます。その際，「観光七科」のアイディアは，大学観光教育の“共通課

題”として，是非とも議論されなければならないと考えられます。

安村 これまでの先生のお話から“観光研究”と“観光教育”につ
いて，〈観光学〉の構想や体系が明らかになってきましたので，
次に〈観光学〉研究にもとづいて“観光学”とくに“日本観光学
の課題”について，“観光学の原点回帰”という視座から先生の
ご意見をうかがいたいと思います。

IV. 観光学の原点回帰

　観光学は，1950年代の先進国において出現した"観光の大衆化"という現実を研究領域として，1970年代初め頃から日米欧諸国でほぼ同時期に形成されはじめた。この時期の観光研究を"観光学の原点"とみなせば，〈観光学〉は今日もなお進化し続ける"日本観光学の原点"である。

　〈観光学〉の形成に看て取れるのは，〈観光の現実を真摯に探究する研究理念〉と，その研究理念にもとづいて〈観光研究の成果を体系的に積み重ねようとする研究活動〉である。

　"観光学の原点"から時を経て，1990年代後半以降には，中進国にも"観光の大衆化"が生まれ，観光学はグローバルな学術分野として成立した。国際観光の発展に伴い，その後も現在（2020年）まで，観光学の研究業績は世界中で拡大しつづけている。

　しかし，"観光学の原点"にあった何かが現在の観光学に見失われているように思えてならず，その事態が従来の議論の曲解や無用な繰り返し，従来の課題の誤解や無視といった問題を，改めて生み出していないか。そのような状況が，現代観光学の"学としての展開"を妨げているとさえ筆者は感じている。

　最終章となる本章では，日本の観光研究がいま抱えている課題を"観光学の原点"に立ち帰り，"原点"としての見地からその解決策を考えたい。

1. 観光学に内在する課題

閑話風解説（Ⅳ-1） 観光学における未解決課題の再考

　観光学には，その特有な性質から生じる課題がいくつかある。とくに注目される課題は，"学術と実務"および"理論と実践"というそれぞれに複雑に絡み合う関係の調整である。この課題は，"観光学の原点"から幾度となく議論されたが，現時点（2020年）でも未調整のままとなっている。

　それぞれの関係は，社会科学のどの分野にもあてはまる課題なのだが，"観光の大衆化"という現実から誕生した"観光学"では，その研究対象である"観光"を一方で〈行動や社会現象としてとらえる〉視点と，同時に他方では〈産業や事業としてとらえる〉視点とがあるため，それぞれの"観光の学術"および"観光の実務"，また"観光の理論"および"観光の実践"という関係が輻輳して，観光学の研究において統合されていないようにみえる。

　しかし，第Ⅱ章（〈観光学〉の観光研究）と第Ⅲ章（〈観光学〉の観光教育）でみたように，研究でも教育でも"学術と実務"の関係，そして"理論と実践"の関係がそれぞれ相互に無理なく結びつけられている。そこで，観光学の未調整な"学術と実務"および"理論と実践"の関連という課題を，あらためて〈観光学〉の方法論にもとづいて再考する。

安村　日本観光学がもつ"学術と実務"および"理論と実践"という課題を前田先生にいろいろとお尋ねして，それらの課題の解決策を考えたいと思います。

1-1.“学術”と“実務”の折り合い
“学術的”観光研究の提唱

閑話風解説（Ⅳ-2）　観光学における“学術”と“実務”の葛藤

　観光研究は，本格的に取り組みが始められた 1970 年代初め頃から 90 年代まで，〈浮ついた遊びの研究〉と揶揄されて，他の学術分野からも一般的にも“学問の一領域”とはなかなか認知されなかった。観光研究を“学問”とみなすことを訝る人々は一般的にも研究者の間でも多くみられ，そういった人たちにはいまだにしばしば出会う。

　しかし，“観光学の原点”を築いた観光研究者が真摯な“研究理念”と合理的かつ情熱的な“研究活動”で観光研究の成果を世に問うた結果として，観光学は学問の一領域として世界中で広く認知されはじめた。ただし〈観光が学術的な研究対象である〉と認知されたのは，ようやく 21 世紀になってからといえる。

　それにもかかわらず，観光研究者のなかにさえ，いまだに観光研究が“実務中心”だと指摘する人がいる。そうした指摘はとくに新参の観光研究者から発せられるようだが，そのような指摘がなされる原因の一端は，“観光学の原点”の成果を看過しているせいだと筆者は感じる。

　それにしても“学術”と“実務”の関係が，観光研究においていまだに折り合いのつかない課題であることは確かである。もともと観光研究の“学術的（academic）”と“実務的（practical）”の区分は曖昧で，区分の基準を明確に立てるのは難しいが，“学術的”と“実務的”の話題は，観光学においてさまざまな脈絡でしばしば議論されてきた。たとえば，その区分として観光研究の目的や対象

が"観光と文化や環境との関係"といった"非営利的"なケースには"学術的"，またその目的や対象が"観光の経済的効果"や"観光事業の生産性"といった"営利的"なケースには"実務的"という区分があてはめられるようだ。

　観光学で"学術"と"実務"がどのようにかかわるかは，"観光学の原点"から米欧でも問題となっていて，観光学の国際的学術誌，*Annals of Tourism Research* の第 8 巻 1 号（1981 年）の特集で，観光の"学術"と"実務"の関係にかんする問題がとくに"観光教育の観点"から議論された。この特集の主旨は〈観光の教育と研究の連携〉であったが，その主旨にかかわる観光研究の"学術"と"実務"の関係が中心的な課題として議論された。この課題が 40 年をへた今も，世界中で未解決である。そもそも，観光研究において"学術と実務"の融合は，不可能とさえ感じられる。

　ところが，前田は，"学術と実務の橋渡し"を長年にわたり実践してきた。とくに，すでに第Ⅱ章〈〈観光学〉の観光研究〉で紹介された前田のサービス研究は，"サービス評価"の実践的理論などによって，サービス業界や宿泊業界だけでなく，観光分野の"学術と実務"の両領域から絶大な評価を受けている。

安村　まず，多くの観光研究者から問題提起される傾向がある"学術的"観光研究から始めたいと思います。観光研究により"学術的"であることを求める主張は，現在の観光研究者に少なからず見受けられます。

　そうした観光研究の学術性を日本で標榜した嚆矢は，文化人類学者の石森秀三氏による「新・観光学宣言」の提唱でした。「新・観光学宣言」は，1992 年 7 月から 93 年 7 月まで，『中央公論』

誌上で，民博（国立民族学博物館）などの人類学者の執筆した論文によって編集されました。この宣言の主旨は，日本の従来の〈観光学が実学中心である〉という批判から始まり，"学術的"な観光研究を提案しています。当時この提案について先生はどのような感想や意見をもたれましたか。

前田　たいへん興味深い発言であるとともに，時宜をえた提言であるとも思いました。とくに観光"実務"に関する知識の豊富さを誇っていたり，実務関係者の顔色をうかがいながら発言したりする"観光研究者"も当時は少なくはなかったのです。"実務"とは無関係な立場から提起されたその意見は，多くの人たちから関心・興味が寄せられました。

安村　日本でも観光研究の初期から"学術"的研究が着手されていたとはいえ，やはり"実務"偏重という問題もあったのですね。

前田　とくに文化人類学者・石森氏によって提起された"観光の社会変動論"は，新しい形での"観光立国"を構想していた政府関係者からも評価されるものとなったと考えられます。私自身，学会のシンポジウムをはじめ論議する機会を何度か経験しましたが，大胆な意見の展開に感心しました。

観光人類学の学術的視点への疑念

前田　ただし，疑問もかなりあり，とくに学術的基盤でもあった"文化人類学"の視点からの観光研究，観光人類学にたいしては，当初からかなり疑念がありました。

安村　それはどのような疑念でしたか。

前田　"文化人類学の視点からの観光研究の成果"の代表的なものとしてスミス（Valene L. Smith）編，*Hosts and Guests: The An-*

thropology of Tourism（University of Pennsylvania Press, 1976, 2nd ed. 1989）［邦訳；『ホスト・アンド・ゲスト 観光人類学とはなにか』市野澤潤平・東賢太朗・橋本和也監訳，ミネルヴァ書房，2018年］があげられることが多いのですが，この研究は観光現象を，訪れる立場の人たちの "ゲスト" と観光者に対応する側の "ホスト" との相互作用としてとらえ，ゲストがホストから評価され，快く受け入れられるためには，ゲストがホスト側の同意を得ることが必要であるとして，観光を異文化コミュニケーションの一形態と説明しています。

安村　私自身は，"観光" が〈観光地を訪れる観光客〉と〈観光客を受け入れる観光地住民〉の相互作用であるとする，スミスの観光 "ホスト―ゲスト" 論に初めて接したとき，とても新鮮な印象をもちました。

　というのも "観光の定義" の焦点が "観光客中心" から "観光ホスト―観光ゲストの相互作用" に置き換えられたからです。従来の観光の定義は，一方で狭義に〈楽しみを目的とする旅行〉であり，またもう一方で広義に〈旅行とそれにかかわりをもつ事象の総称〉であるという〈観光者（客）に焦点をあてた定義〉が広く受け入れられていました。これは，先生が『現代観光総論』で提示された定義です。そうした観光の定義が一般的であったなかで，定義の焦点が "観光者（客）" に替えて "観光ホストと観光ゲストの相互作用" としたことが，とても印象的でした。

　観光 "ホスト―ゲスト論" の構図は，観光人類学のフィールドワークの事情から生まれたものですが，〈観光を受け入れる側〉があって，そちらの側にとって〈観光は楽しみを目的とする旅行

ではない〉という状況に気づいたことも，新鮮でした。

　さて，先生は，観光人類学にたいしてどのような違和感をもたれたのですか。

前田　観光人類学の説明は，"旅行者" と "観光者（客）" との基本的な違いを理解していません。旅行者は，人類の歴史の中においてかなり以前から登場していて，さまざまな目的のために見知らぬ場所を訪れる人たちです。それにたいして "観光者（客）" とは，産業社会の成立を背景に出現した，余暇行動の一形態として旅行を選択した社会構成員です。観光人類学の説明は，"旅行者" と "観光者（客）" を混同したものです。

"観光の大衆化" という視点からの学術的見解

前田　旅行業等が長い年月をかけて取り組んできた "観光支援ビジネス" の発達によって，多くの人々が気軽に参加できるようになったという，"観光大衆化の功罪" についても考える必要があります。〈観光者（客）は行動のすべてを自分で決め，責任をもって行動する旅行者である必要がある〉とする文化人類学者たちの説明は，〈無知の者は参加すべきでない〉という自称有識者たちのスノビズムに満ちた発言のように思われます。また，いうまでもなく，〈観光を意義あるもの〉と考えることは，観光に参加する人のすべてが高い知識を有し，外国語にも習熟していることを意味するものではありません。

　観光分野を研究対象とした文化人類学者たちが好んで用いた "Authentic" や "Authenticate" には，美術品などの専門家視点からの評価という "上から目線の評価" という意味合いがあり，同様に〈一般観光者（客）を軽視した視点〉という共通性があり

ます。

　観光研究に文化人類学視点からの研究が加わることは，研究範囲と研究方法論に広がりをもたらすものとなりますが，文化人類学視点からの研究に適した事柄のみを対象とし，事例研究に過ぎないものを安易に一般化するといった誤りを犯す場合もあります。

　さらに，観光の発展経緯を理解しようとはせずに，現代観光のもつ"負の側面"をあげつらうことを目的とした"大衆化した事象批判者"のような研究も少なくありません。観光とは〈大衆現象であり大衆行動である〉という基本認識にもとづいた概念であることを忘れてはならないのです。

安村　なるほど，現代観光の本質を"大衆的"ととらえると，先生のご指摘は，観光人類学に特有な"観光"概念の一側面を看破されています。観光人類学では，未開部族のフィールドワークから観光にアプローチするという学問の性質によって，〈影響を与えるゲスト〉と〈影響を受けるホスト〉という図式が導き出されるため，その図式が観光人類学の"観光"概念の前面に出てきたといえるのかもしれません。

　"大衆観光やその観光客"についての先生のご指摘は，ブーアスティン（Daniel J. Boorstin）が"旅行＝travel"にたいして"観光＝tourism"を"疑似出来事（pseudo-events）"として批判し，"旅行者＝traveler"にたいして〈観光客＝tourist"を見下した観光〉観についての反論にもなりそうです。

前田　ブーアスティンの指摘は興味深いものですが，観光支援ビジネスの発達によって旅行の容易さが増大したことのプラスの面，とくに観光を大衆のものとさせた面にたいする評価が欠落してい

るともいえます。より本質的な問題は，能動的な旅行者が受動的な観光客となったのではなく，従来は旅行者となることが困難であった人々が，観光客として参加できるようになった，という意味での旅行の変化なのです。

　現代においても，能動的な楽しみを求める旅行は存在しています。しかし，同時に，行動形態の面からは規格化されており，自由さが少ないように思われる団体旅行に参加することからも多くの体験をうる可能性は十分にあるのです。一方において，自由に気ままな旅行であっても単に移動しただけという場合もあることを考える必要があります。

　つまり，能動的か受動的かの問題は，その行動形態によって規定される面がありますが，決定的なものではなく，"観る構え"によって決まってくる面も多いことに留意しなければなりません。

安村　先生が示唆された通り，現代観光において〈観光が大衆の行動となった〉という現実と，それに対応して〈観光支援ビジネスが発展した〉という現実とを看過することはできません。この2つのことは，現代観光の本質にかかわる事実として，観光研究における"学術と実務の関係"に深くかかわると考えられます。つまり，観光研究は，"学術"的でありながら，観光関連の産官の"実務"と不可分にかかわり合い，いろいろな脈絡で実践にかかわるということでしょうか。

"学術"と"実務"の関係をめぐる論点

前田　観光研究における"学術"と"実務"をめぐってはかねてからさまざまな議論があると思いますが，〈論点を明確にする議論がなされてきたか〉に関して疑問があります。

"観光の学術的研究"の意味については，「観光」を論じる視点や立場により大きな隔たりがあると考えられます。「観光」を国・地域間の相互理解と文化交流機会として理解する立場からは，さまざまなメディアを介して行われるものと，個々人を通じてのものとがあり，その相違と効果に関して〈詳細な分析を試みる〉ことは，"学術的"研究にあたると考えられます。

　さらにまた，観光を人々の自由往来の総称として，なんらかの〈経済効果が期待できる事象〉としてとらえる場合，観光にかかわる諸事業が国際あるいは地域間の収支改善に果たす役割を〈構造的に明らかにする〉ことも，"学術的"研究に相当するものと考えられるのです。

安村　確かに"学術的"研究の意味が，一方で観光の"相互理解と交流機会"，また他方で"経済的効果の期待"とに分かれることは，とても腑に落ちます。そのさい"経済的効果の期待"についての"学術的"研究については先生の説明で理解できたのですが，"経済的効果"についての"実務的"研究は，どのように特徴づけられますか。

前田　何らかの誘致活動にたいしてどれくらいの人々が他国・地域から反応したか，保有あるいは運営している施設にたいして来訪者がどの程度満足し，評価したかなどに関して，その状況を把握し〈向上あるいは改善を図るための具体的方策を明示する〉ことが"実践的"研究の典型的なものです。

　観光研究の究極的目標が"よりよい実践"の行われる状態をつくる理論・技術両面での解明であるとするならば，学術的知識等を踏まえない実践活動が継続的に発展を図ることは困難となるが，

"実務"から離れてしまい，理屈づくりのための活動となってしまう場合には，"学術研究無用論"が起こるのも当然です。"学術と実務"を対比関係に置いて，そのいずれかを選択すべきかを論じるのは，有効性のあるものとはいえません。

安村 なるほど〈"学術と実務"を対比関係でとらえるのが無意味である〉ことが，よくわかりました。

"学術と実務"の関係について論点を再考すると，私が本節の最初で"学術と実務"の対比関係を明らかにするために掲げた"観光研究"の〈行動や社会現象としてとらえる〉"非営利的"視点と〈産業や事業としてとらえる〉"営利的"視点との区別は〔→閑話風解説（IV-2）〕，〈観光学〉においては"無意味"のようです。

要するに先生のご指摘によれば，"観光の現実"をとらえるには，その現実を"学術と実務"の対比関係でみることを超えて，その現実がたとえば"営利的"であれ"非営利的"であれ，〈同一の観光研究の対象として"学術的"にとらえる〉ことが肝要となります。観光研究の唯一の目的は，その〈研究対象を常に"学術的"にとらえる〉ことであり，観光研究が"観光事業の実務"に提言する場合には，その提言はいつでも"理論的"根拠にもとづき"分析的"でなければなりません。

したがって，先生にいまお話しいただいたのは，"学術と実務の関係"を超えて"実践"にたいする"学術"の貢献であり，つまり"実践と理論の関係"ということになりそうです。

実際に，先生は学術界の活動にだけ留まることなく，実務界から多くの依頼を受けて"実践的"な活動に取り組まれてきました。そして，その"実践"は，常に〈観光学〉から導き出された"理

論"に裏づけられたものだと考えられます。そこで次に，観光研究における"理論と実践の関係"についてお話しいただきます。

1-2. "理論"と"実践"の歩み寄り
"理論"の定義

安村　先生からご指摘のあったように，"学術と実務"の対比的関係を超えて，観光研究における"理論（theory）"と"実践（practice）"の関係についての課題が浮かびあがりました。この関係を考えるとき，先生が観光研究の"産官学連携"活動を推進されてきたことに思い当たります。

　　先生は，観光の"実践"において大学と"産官"との関係を早い時期から広範にかつ強固に築かれて，観光関連のさまざまな"実務"を熟知され，そしてご自身の構築した観光"理論"にもとづいて産官の"実践"に多くの提言をなされました。これは，観光研究が"産官の実務の実践"にたいして提言する"観光研究の実践"である，とみなせます。

　　そこで，観光研究の"理論と実践"についてうかがいます。まず，先生が用いられている"理論"や"実践"の概念を明らかにします。先生は，"理論"をどのように意味づけられていますか。

前田　言うまでもありませんが，「理論」として認められるには「信頼性」と「妥当性」そして「検証」という条件が基本的に求められます。「信頼性」とは，論理性があり長期間にわたって適用できると考えられることです。また「妥当性」とは，対象となる事象のどの側面・変化等を測定したかが明示されていることです。そして「信頼性」と「妥当性」は，他者が「検証」できるもので

なければなりません。

　さらに，理論には「客観性」が求められます。「客観性」は，研究者が異なったとしても，提案者の指示する所定の方法・手続き・設定条件によって進められることによって，同様な結果に到達できるという特徴です。自然科学領域では「客観性」が"絶対的条件"とされています。

　観光研究は，人文科学・自然科学・社会科学それぞれがかかわっている分野ですが，最も共通して求められるのは「妥当性」であると考えられます。「妥当性」は，ある事象の原因や関係要因を明らかにしようとする場合，"結果変数"として設定した事象（論理的に導かれた結論等の言説，調査・測定などの対象となったもの）と"原因変数"（結果に影響を与える，あるいは与えたと想定した要因・条件）との間の論理的関係性あるいは測定された数値的関係が，十分に納得できるものであり，または数値的に証明されるかに直接かかわっているものです。

安村　先生が示された「理論」とは"原因変数としての事象"と"結果変数との事象"から構成され，両変数の論理的関係性が可能なかぎり数量的に測定される〈検証可能な命題〉であるということでしょうか。そして，その命題には，「信頼性」と「妥当性」が確保され，それゆえに「客観的」であるとみなされます。

　そうした"理論"を実際に構成するのはかなり難しいと考えられますが，先生の著書，たとえば，『サービスの科学』（ダイヤモンド社，1982年），『観光とサービスの心理学』（学文社，1995年），『現代観光とホスピタリティ』（学文社，2007年）などには，オリジナルな観光"理論"が実際に多く提示されています。

"実践" についての考え方

安村 それでは次に，"理論の適用法" つまり "実践" について，先生のお考えをうかがいたいと思います。

前田 観光研究において "理論研究の対象" となるのは，実際に取組みがなされてからかなりの時間が経過し，計画・取組み等の成功・失敗が明らかになった時点においてです。したがって，計画・取組み等の適否は，実際の結果に照らして判定されることになり，結果次第で原因（計画・取組み等の適否）の評価は異なるのです。

忘れてはならないのは，観光事象は，常に競合している他地域・他国の活動によって影響を受けますが，この点は基本的に経済的活動全般に言えるものでもあります。さらに，社会状況の変化という予測困難な要因もあり，観光については経済的状況に加えて，気象や自然災害，世界のどこかで発生した事件や事故などのさまざまな事柄の影響を受けており，"理論的" にも "実践的" にも予測には限界があります。

一般的には "理論" と "実践" 的活動ともに，短期的活動は〈いかに対応するか〉を中心とした "短期的（戦術的）課題" が中心であり，"実践的活動" の理論的な説明・予測が主となってきます。

これにたいして，中長期的（戦略的）活動では〈どのように準備するか〉が主要な課題となっています。このようにみると，研究において主たる対象とすべきなのは，ある程度先を見通した "一般的課題" なのです。短期的に解決することが求められる課題については，"学" は "産（実践）" からの相談に応じたり，対応可能なサポート活動を行ったりといった役割分担を図ることが必要

です。

産官学連携という課題

安村 観光の "学術と実務の関係" さらに "理論と実践の関係" についてお話をうかがい，観光の "学術" 的研究がその成果である "理論" を通していかに "実践" に取り組むのかが明らかになりました。

　そして，実際に，先生は，産官学の連携において，ご自身の観光の学術的研究で導き出された観光 "理論" にもとづき，産官との共同でなされた観光の "実務" 研究とその "実践" で多くの提言をなされています。これまでの先生のお話の内容が具現した形として，先生が携われた産官学連携の活動についてうかがいます。

　思い起こしてみますと，先生が教鞭を執られていた時代は，立教大学の社会学部や観光学部で "産学連携" が多くの教員によってごく自然に実践されていた，と私には感じられます。つまり，産官学 "連携" というよりも産官学 "協働" といった状況があったような気がします。そうした産官学 "協働" という状況は，とくに立教大学の社会学部や観光学部に特有な状況だったのかもしれませんが，少なくとも "産官学連携" は現在のように文科省から大学に奨励された "課題" ではありませんでした。

　先生も産官の多くの団体と連携し，観光学の "理論" と "実践" にもとづく "産官学連携" に携わられていました。先生ご自身の経験から，"産官学連携" にたいする観光研究のあり方がいかにあるべきか，お考えをお聞かせください。

前田 この質問にたいする回答も前問の "理論と実践の関係" と基本的には同様です。産官と学にそれぞれ異なる視点と役割がある

ことを踏まえ，産官と学の双方が継続的に対応できる連携の仕方を探し，有効性のある協力を図ることが必要です。

　この場合，“産”は一般に短期・戦術的であって，できるだけ早く結果を求める傾向があることが広く理解されています。

　難しいのは“官”であり，“官”には“国（中央官庁と地方事務所等）”と“地方自治体”がありますが，中央官庁と地方自治体の中で企画・計画業務を担当する部署では，中長期的課題を対象とする場合が比較的多く，とくに中央官庁から協力を求められる業務において“学”にはそれぞれ専門的知識等が期待される場合が多いので，そこでの経験はその後の学術研究に役立つ場合もあります。

　産官学連携において“学”の立場にとって重要なのは〈長期的に有効な普遍性のある“解（結果）”を重視する〉ことです。他の異なる立場の人たちに偏ることなく，テーマに関して有する知識・技術・経験にもとづいて〈課題に“学”の視点から取り組む〉ことなのです。

安村　“理論と実践”の関係や“産官学連携”のあり方について，よく理解できました。

理論を踏まえた実践とその実例

前田　“産官学連携”にかぎらず観光研究において重要であることは，〈理論を踏まえた実践〉という考え方です。“理論→実践→検証→理論のサイクル化”すなわち基本を踏まえた応用という考え方の最も求められているのが，現在の観光研究の分野です。

安村　なるほど，観光研究では，学術と実務の両分野において，〈理論を踏まえた実践〉という研究の展開が最重要だというご指摘で

すね。

　この〈理論を踏まえた実践〉という研究の展開にとてもうまく
あてはまる実例は，先生から第Ⅱ章〈〈観光学〉の観光研究〉4-3.
で説明していただいた"理論仮説構築過程"の事例であると思う
のです。

　その"理論仮説構築過程"を簡単に振り返ります。先生が提
唱された"理論仮説構築過程"の事例は，「先行き不安状況にお
ける観光行動研究」でした。先生は，1973年秋の「第一次オイ
ルショック」時の買い急ぎ行動の分析をはじめ，2011年の「東
日本大震災」の影響の分析まで，〈不安状況が消費者行動，とく
に観光行動に与えた影響に関する研究〉にもとづく6件の分析結
果から"理論仮説"を報告されました。

　先生が提示されたのは，〈不安が観光を含め消費者行動に及ぼ
す影響は"積極化させる側面"と"消極化させる側面"に分かれ
る〉という"理論仮説"です。そして，この"理論仮説"は学界
において一般性と妥当性が認められています。

　〈先行き不安に観光行動や消費行動を"積極化させる側面"が
ある〉という仮説には，常識的な発想からすると意外性があると
感じられます。

前田　ええ，関連の出来事で多くの事例は〈不安で行動が阻止され
る〉つまり観光行動を"消極化させる側面"の事例です。景気・
生活の見通しが悪くなると消費活動が一般に低迷することは，よ
く知られているところです。

　しかし，すでに述べたように，女子学生が男子学生よりもはる
かに大きな割合で卒業外国旅行を試みる理由として，「将来は難

しくなりそうだから，自由がきく今のうちに海外旅行をしておきたい」という気持ちが〈女子学生により強いこと〉が原因となっていると考えられます。女子学生が，卒業後に結婚などで海外旅行ができにくくなるという思いも"不安心理の一種"なのです。もちろん「オイルショック時」の不安による買い急ぎ行動なども"行動積極化"の典型的なものです。

安村 そして，先生は，「先行き不安状況における観光行動研究」の"理論"を応用しながら，2009年の「新型インフルエンザ発生」問題について"実践的"分析へと研究を展開されて，報道のあり方や教育機関による修学旅行の中止措置などについて批評されました。

前田 そうでした。当時は「新型インフルエンザ」の発生と報道の推移を整理したうえで，マスコミが日本人生徒の感染したことに関し"同調行動の重要性"を盛んに報道し，"同調"のシンボルとして"マスク着用の有無"を示す写真を多用したことを明らかにしました。

　報道によって"無難第一"を重視する傾向の強い教育委員会などは修学旅行の中止などの措置をとることになります。

　しかし，このインフルエンザの感染力・危険性が予想よりも低いことが判明すると，マスコミは"問題のすり替え"を図り，論点を日本社会の特徴に関する評論に変換しようとしました。

　結局，新型インフルエンザ感染の初期にマスクを着用しないなどの非同調行動をとったとして，学校長等が批判対象となりましたが，不正確あるいは不適当な報道を盛んに行ったマスコミ，そして学校教育にかかわった組織関係者は，行動・判断に関する自

らの責任を多少でも認める気配さえなく，その後もありませんでした。

安村　「先行き不安状況における観光行動研究」について，応用・実践研究への展開から"同調行動"や"報道のあり方"といった課題が明らかになったのですね。

前田　「新型インフルエンザ」の事例から，旅行実施の意思決定過程において責任権限が曖昧な学校関係者や教育委員会などの支配を受ける修学旅行をはじめ，旅行に関する決定に影響力のある人物が複数存在している団体旅行では，"無難優先"が選択される傾向が依然として高いことが認められ，"先行き不安状況"においてはこの傾向がさらに強まる傾向があると考えられます。

　これにたいして，行動主体がそれぞれの意思によって決定を行うタイプは，風評の影響を受ける度合いは少ないのですが，日本社会では"非同調型行動"を選択できるのかという事情があります。このことは日本社会における選択一般に関係した問題でもあり，SNS の普及など〈意思決定に与える情報〉の変化は，不安の影響だけではなく，日本の観光動向全般にも関係しています。

　「新型インフルエンザ」の事例では，事態の変化によって報道してきた内容に不整合が生じてきたマスコミ側が，どのような"言い分"をするのかが明らかになりました。同時に，ある時点において〈適当ではない意思決定をした機関関係者〉が平然として〈無難第一の決定を今後も選択するであろう〉ことも十分に予想させてくれます。

安村　先生のお話から，〈理論を踏まえた実践〉という考え方と，その考え方にもとづいた研究の実践的展開がよく理解できました。

閑話的解説（Ⅳ-3）　日本観光学の制度的課題

　日本観光学の研究・教育制度は，第二次大戦後の"観光の大衆化"という現実に応じて，米欧諸国とほぼ同時期に，独自の発展を遂げながら整えられてきた（第Ⅰ章 観光学の出立点）。日本の"観光の大衆化"は，1960年代の高度経済成長に伴い，"余暇の大衆化"が社会的に喧伝され，そのなかで政府の観光政策が民間の観光事業を支援し，その観光事業が主に"観光の大衆化"を先導した。日本の"海外旅行"が本格的に"大衆化"したのは，1980年代以降であった。

　このような日本の"観光の大衆化"にたいして，米欧の"大衆観光"は，大戦前からの経緯もあり，経済復興を遂げた後に比較的早期から"国際大衆観光"が活況となった。たとえば，1960年代にはジェット旅客機時代の幕開けとともに，観光客が3つのS（Sun, Sand and Sea）を求める，とくに南国ビーチ観光がメディアで話題となった。南国ビーチ観光は，1950年に225万人であったが，1967年には1600万人まで増加し，その観光客の8割は北米人と西欧人であった。

　このように"観光の大衆化"の社会状況が，日本と米欧では異なるので，結果的に"観光の大衆化"を学術的にとらえようとする"観光学の内容"も，"観光学の制度化"も，"観光学の原点"において日本と米欧で異なっていたと考えられる。つまり，日本観光学は，1970年代から80年代にかけて，自国の観光の動向などに応じて独自の展開を遂げた。

　しかし，日本の観光研究者は，1990年代初め頃から次第に米欧の文献を読んで国際的な観光学のテーマを研究するようになった。それ以降，"外国文献かぶれ"とよべるような観光研究者が増え始めたように思われる。筆者自身も"外国文献かぶれ"の先駆けの1

人であった。

　さらに21世紀を迎えると，日本の観光研究が新たな転換期を迎えた。観光が日本社会で話題となった契機は，2003年に日本政府が「観光立国宣言」を発して，日本のインバウンド観光が拡大した社会状況にある。日本社会全体でインバウンド観光が話題となるのに応じて，さまざまな研究領域から新規に観光研究に参入する研究者も増えた。また，海外の大学で観光学を学んだ後に，日本で観光を研究する人も次第に増えてきた。現在（2020年）の日本観光学には，いま大雑把に触れたように，観光研究者の研究歴によって観光研究の理解に"分断"された状況がありそうだ。

　一番の問題は，とくに新規に観光研究に参入した研究者のなかに"観光学の原点"の研究業績を十分にフォローしていない人が少なからずいることである。そのために，これまで観光学に蓄積された基礎知識が共有されておらず，観光研究者の間で適正な議論ができていない。また，研究者の研究歴によっては，国際的な観光研究の動向も日本観光学に集積された観光研究の成果も理解しておらず，結果的にグローバルな観光研究成果の交流ができていないという状況がみられる。

　このような日本の観光の動向や観光学の変化にもかかわらず，それらの変化に応じた"日本観光学の制度的な変革"がなされていない。というよりも，観光の新たな動向にたいして，従来の観光学の成果が顧みられないままに，観光学の議論が新たになされている状況とでもいえようか。こうした日本観光学の現状を勘案すると，その制度的な課題として〈観光研究の国際化をどうとらえるか？〉また〈学会が本来どのような役割を果たすべきか？〉という問いが，日本観光学の今後を展望するときに喫緊の課題となると思われる。

確かに〈観光研究において理論を踏まえた実践が最重要の課題である〉と再認識できました。

そして、その最重要課題の議論にあたっては、観光学において今後も"学術と実務"を超えて"理論と実践"の関係が再考されなければならないようです。

さて、次にこれまでと話題を変え、もう一方の"日本観光学の制度上の課題"について先生のお考えをうかがいます。

2. 日本観光学の制度上の課題

安村 日本観光学にはさまざまな"制度的"課題があるのですが、とくに日本観光学が抱える制度上の課題として"研究の国際化"と"学会の役割"を取り上げたいと思います。

2-1. "国産"観光学前史
日本の近代観光と政策的な観光研究

安村 "観光研究の国際化"については、日本の"国産"観光学の再考と観光学の"国際化"の課題をどのようにとらえ、〈観光学をどのように国内外で展開するか〉を話題とします。

その前に、"観光研究の国際化"をみるにあたって、"国産"観光学がどのような経緯で誕生してきたかを概観しておきたいのですが……。

前田 日本も含めて世界の観光研究では、"外客誘致"の課題を発端として国際観光の考察がなされたといえます。それぞれの国・地域における観光研究は、当該国・地域を訪れる人数、とくに外

国からの来訪者数，国家としての政策の基本方針とによって影響を受けることが多いのです。

　わが国は，明治期には国際社会にアピールすることを目途として外国からの来訪者を誘致することに努めましたが，当時の国際状況を反映して，観光目的客は欧米に限定されていました。欧米以外の近隣諸国からの来訪者では，商用・勉学および勤労を目的とした人が多数を占めていました。そして，欧米から来日した人々には通訳ガイドが対応し，専用宿泊施設を利用する場合が多く，一般日本人と交流する機会はほとんどみられませんでした。

安村　日本ばかりでなく世界の観光研究は，"学術的"よりも"政策的"に取り組まれたということでしょうか。

　それにしても，日本の観光については，江戸時代の"庶民の旅"の歴史があるものの［→第Ⅱ章4-4.］，欧米に比べると，近代観光の発展の仕方が異なりますね。日本国内の"近代観光"の動向はどのようであったのでしょうか。

前田　20世紀に入って間もなく，鉄道国有法が制定されて国鉄としての整備が始まった後には，国民の鉄道利用を促進するために〈全国各地の温泉を大衆観光地として活用する〉ことも活発化しました。ただし，これにたいして，湯治の伝統を守り"健全な温泉利用"の普及を目的とした学術的啓発団体が発足しています。

安村　やはり"温泉"は，日本の国内観光の特徴をみるとき，いろいろな点で重要な役割を果たしそうですね。

　しかし，日本の"学術的"な観光研究の始まりは，第二次大戦後となるのでしょうか。

前田　そういえると思います。20世紀前半のわが国の観光研究は，

閑話風解説（Ⅳ-4）　観光研究の土台とその変遷

　ジャファリ（Jafar Jafari）は，"観光の現実"について〈"観光研究の主題"がどのように変遷したか？〉を明らかにした。そのさい，〈ある時期の観光の現実が一般の人々にいかに認識され評価されたか？〉という基点に着目し，その認識や評価を「観光研究の土台（platforms in tourism research）」ないしは「観光を考察する土台（platforms of thinking on tourism）」とみなした。

　これらの「観光の土台」は，最初に，ジャファリが観光研究の"文献を整理するため枠組み"として提示したものであったが（Jafari, J., "An English Language Literature Review," in *Tourism as a Factor of Change*, Center for Research and Documentation in Social Science, 1989.），後にジャファリは，「観光の土台」を"観光研究の主題の変遷"を特徴づける枠組みとして適用している（Jafari, J., "Research and Scholarship: The Basis of Tourism Education," *Journal of Tourism Studies*, 1990, 1(1): 33-41.）。

　ジャファリによれば，「観光研究の土台」は，次のようにおおよそ4つの時期に分けられ，それぞれに観光研究の主題が特徴づけられる。

　　① 1950年代後半〜　擁護の土台（Advocacy Platform）
　　② 1970年代初め〜　警告の土台（Cautionary Platform）
　　③ 1980年代後半〜　適正の土台（Adaptancy Platform）
　　④ 1990年代前半〜　知識志向の土台（Knowledge-
　　　　　　　　　　　　　　　　　based Platform）

　4つの時期の観光研究の特徴をそれぞれみていくと，「①擁護の土台」では，先進諸国とくに米欧に出現した"観光の大衆化"の現実が世界中の人々にさまざまな期待をもって受け入れられ，そのな

かで観光研究からは，観光の"経済的効果"や"観光事業のマネジメント"などを主題とする研究成果が多く提供された。

「②警告の土台」では，"観光の大衆化"が観光地の社会，経済，文化，環境などに深刻な"負の効果"をもたらすことが世界中で顕在化したため，"大衆観光（mass tourism）"が国際的な問題として各界から批判の的となり，観光が世界中の多くの人々から非難された。このとき，観光研究は，"観光による負の効果"について事例研究などによって報告しながら観光のあり方を否定的に分析した。

「③適正の土台」では，批判された大衆観光にたいして，"新たなあり方の観光（alternative tourism）"を模索する動向が，世界観光機関（WTO: World Tourism Organization，現 UNWTO: United Nations World Tourism Organization）などの主導で現れはじめ，1980 年代末には"エコツーリズム"のような新たな観光形態が実践されるようになった。そして，観光研究では，観光を通して地域の文化や自然が再構成され，強化されたり保護されたりする観光地の事例が，次第に報告されるようになった。その後 1990 年代以降には，"新たなあり方の観光"は，"持続可能な開発（sustainable development）"という用語に倣い"持続可能な観光（sustainable tourism）とよばれている。

最後の「④知識志向の土台」で，ジャファリは，観光研究が科学的な"理論と方法"にもとづく，"観光の客観的認識"をめざすことを提案した。

ジャファリの「観光研究の土台」は，世界の観光の動向と，それを考察する観光研究の主題の変遷とについて，うまく特徴づける枠組みとみなせよう。

"政策的"でした。1929年に発生した世界恐慌に対応して，日本政府は「金解禁」を施行するとともに，外貨獲得のために国際観光振興を図り，30年に鉄道省外局として国際観光局を設置して，欧米諸国で出版されていた観光専門書の翻訳にも取り組んでいました。

　第二次大戦後にも，日本政府は早い時期に外客誘致に積極的に取り組みまして，さまざまな制度や仕組みを導入しました。いまお話しした，観光専門書翻訳版を一部研究者が入手できるようになりました。

日本の学術的観光研究のスタート

安村　第二次大戦直後の観光研究でも，研究者が取り組みはじめたとはいえ，未だ"政策的"な観光研究であったようですね。"学術的"観光研究は，やはり日本における"観光の大衆化"以降ということになるのでしょうか。

前田　ええ，その通りです。日本における観光についての研究は1950年代後半に始まったと考えられます。当時は，〈"観光の大衆化"に対応した観光施設をいかにつくるべきか〉という課題に関係者の関心が寄せられていたようで，アメリカでの観光研究の動向が紹介されていました。

安村　観光研究の傾向についてしばしば指摘されるように，広い意味の"学術的"な観光研究において，やはり"実務的・実践的"な研究が先行していたといえそうですね。

前田　とはいえ，当時，日本で「大衆余暇（マス・レジャー）」の言葉は流行語となって，観光や余暇についての日本の"学術的"研究が始まりました。

また，この時期に，〈20世紀半ば以降に大衆消費社会に到達したと判定された（日本を含む）先進諸国〉では，観光は国内だけではなく諸外国との往来がさかんにみられるようになりました。実際に日本人が観光目的で出国できるようになるのは1964年でしたが……。

安村　先生のお話をうかがうと，“学術的な観光研究”の主題が“実務的・政策的”から“理論的・実証的”へ移っていくという，ジャファリ（Jafar Jafari）の「観光研究の土台とその変遷」が思い浮かびます［→閑話風解説（Ⅳ-4）］。

安村　1980年代まで，日本観光学は，日本観光の動向を中心に研究を展開してきました。たとえば，国際観光の動向をテーマとする場合にも，日本人海外旅行者の特性に注目してその動向をみてゆくといった具合です。ともかく，海外の観光動向や研究動向が紹介されても，研究の主流は“国産”観光学だったとみなせます。

　それが1990年代から2000年代にかけて，日本観光学の研究動向も“国際化”してきたのですが，どちらかといえば，いまだ米欧観光学の学説の吸収に終始する傾向があるようです。また，日本観光学では研究の国際化と同時に，従来の日本観光学の成果が顧みられず，当然のことながら，その従来の成果が“国際化”することもありませんでした。

　そこで，日本観光学の現状から，その制度的課題のひとつ目として，〈観光研究の国際化をどうとらえるか〉についての考え方を，前田先生からお話しいただきます。

2-2. 観光研究の国際化

安村 議論にあたって「"研究の国際化"とは何か」を明確にしな
ければなりませんが，それにはさまざまな文脈が絡み合いますの
で，その作業はけっこう難しそうです。そもそも"観光研究の国
際化"の議論ということ自体が，日本のとくに社会科学に特有な
事態のようだと私は常々感じています。

　つまり，本来どんな研究活動も，科学的な研究結果の"客観
性"や"普遍性"という性質を前提とすれば，「研究は本質的に
国際的である」はずで，たとえば日本以外の非西洋圏の研究者の
活動は，ポストコロニアリズムがかなり影響したと考えられます
が，割合に国際的です。日本の研究活動の特殊性には，海外の研
究動向を熱心に取り入れて，ある程度の研究水準の高さを保ちな
がらその研究成果が国内だけで十分に"消費"される，という学
問"市場"の状況があると思われます。

　21世紀になって，日本の社会科学も全体的にかなり積極的な国
際的交流の方向に変化してきたようですが，それでも，実際に観
光研究の報告については，国内の消費市場が大きいようで，日本
の〈研究の国際化が遅れている〉という指摘はいまだにあります。

　しかし，先生は，早くから，1970年代からでしょうか，海外
で研究活動をされています。1970年代は，先生の観光研究にお
いて，サービス学の実証研究が一段落して，観光心理学の実証研
究を手がけていらした時期ですね。その後，オランダやフィンラ
ンドなどに行かれて，当地でそれぞれ観光研究の講義や講演，研
究調査等をされていました。

前田 実は研究で最初にオランダへ赴いたのは1981年春で，オラ

ンダが外国人観光客を誘致するために導入した「カルチャーカード」の実態把握が目的であり、それとともに、前にご紹介のあったサービス研究書（『サービス新時代―サービス・マネジメントの革新』日本能率協会、1995年）の一部に"国際比較研究"を加えたいと考え、さまざまな現地調査を行うことを併せて目的としていました。オランダには文化観光研究などのためにその後も複数回訪れています。

フィンランドはやや後の1990年に国際観光振興方策の有効性分析と"高齢化社会における対人サービスのあり方"に関する研究を目的として訪問・滞在したもので、それぞれにかなり成果がありました。

安村 それ以前にはアジア諸国、とくに中国と韓国からは頻繁に招かれて、当地でそれぞれ観光研究の講義や講演、研究調査等をされていますね。

前田 韓国・中国をはじめアジア諸国については、1970年代初めから何回も訪れていましたが、その目的等はそれぞれ若干異なっていました。それまでにも交流があった韓国については、1983年と84年に日韓観光学会合同研究会を開催したことが契機となり、韓国の大学で講義・講演を行うことが多くなりました。

一方、中国は1980年代初めに始まる"自由化政策"を背景に観光客誘致と観光事業振興への取組みが始まり、まず標準的教科書編纂に関する中国政府からの協力要請に応じて資料等を提供しました。そして数年後（1985年）には中国各地の観光教育の主要大学を2週間余りかけて訪問して意見を交換し、1987年には西安外国語学院に客員教授として招聘され3か月の授業を行いました。

韓国・中国では観光論に関する指導が中心でしたが、両国とも
に"サービス向上方策"に関して意見・助言を求められることが
多くなってきたことが特徴でした。

　これらの諸外国を訪問したことと最も直接にかかわっていたこ
とは、訪問を契機にそれらの国からの留学生が増加したことでした。

安村　先生の〈観光学〉の国際的研究には、"研究の国際化"を気
負わない"当たり前"の研究活動があったようにみえます。先生
がなされた観光学の国際的活動を踏まえて、"日本観光研究の国
際化の現状"をどのように考えておられますか。

前田　日本の観光研究の成果は、もっともっと国際的に発信されて
然るべきだと思いますが、外国語（英語他）で論文を発表したり、
国際学会で発表したりすることに不慣れなことが続いています。
日本国内だけを対象とする傾向が依然として強く、それが最大の
問題となっているのは誠に残念です。

　指導教授が外国語（英語他）での論文執筆を得意でないため、
学生たちも積極的に取り組まない傾向が蔓延してしまっています。
それにたいして、他のアジアの国の若手研究者には〈中身よりもま
ず発表すること〉を重視している者が少なくありません。日本の
大学の"文系大学院の教育・指導体制"そのものの問題となって
いるとも考えています。

安村　ご指摘の通りだと思います。大学が"観光研究の国際化"の
制度を整備することは、日本観光学にとって急務だと再認識しま
した。

　私は歳をとったせいで、英語が不得手なこともあって、英語論
文を投稿したり国際学会に出席したりすることがすっかり億劫に

なってしまい，研究者向けの SNS である Academic.edu と ResearchGate に少ない英語ペーパーを載せています。すると，拙論に世界中の多くの人が毎日のように目を通しているので驚いています。また，それらのペーパーが、*Tourism: The Key Concepts*（Peter Robinson ed., Routledge, 2012）などに引用されているのをみても，驚かされました。このようなことから，やはり，観光研究の論考を英語で発信することが重要であるとあらためて感じています。

　日本の観光研究の水準は高いですし，世界の人々は日本の観光研究の成果を知りたがっているようですので，日本の観光研究のしっかりした水準の研究成果が国際的に公表されることは，日本の"観光研究の国際化"にとってばかりでなく，観光研究の国際的な発展において有意義なことだとみられます。

　『新現代観光総論』（第3版，学文社，2019）は，中国語と韓国語に翻訳されていますが，英語でも翻訳されるべきですね。

2-3. 学会本来の役割

安村　観光学が抱える課題として，最後に"観光関連学会の役割と現状の問題点"などについて，先生からご意見をうかがいます。それといいますのは，日本観光学の今後の発展において"学会の役割"は不可欠と考えられるからです。

　しかし，日本の観光関連学会の現状が，観光学の発展に積極的な役割を果たしているかは少し疑問です。観光関連学会は数多く，それらを統合するという方向性も耳にしますが，現状では関連学会のそれぞれの趣旨が明確に示され実践されているとはいえない

ようです。観光研究者がそれらの学会でどのような意識をもって活動しているのかも，全体的に明らかではありません。

　そこで，まず日本の観光関連学会の最初の設立から現状までを振り返り，次に現状の課題を洗い出したうえで，さらに〈学会が本来どのような役割を果たすべきか〉について，先生にお話をうかがいます。

学会の設立

安村　先生は，日本で最も古い「日本観光学会」の創設まもない時期から運営にかかわられ，これまでに新旧の学会においても，研究活動と学会運営に中心的な役割を果たされてきました。また，「日本観光研究学会」の会長に就任された時期には，学会のさまざまな改革を断行されました。

　そして，大学を辞された後の現在も，先生は観光研究者として観光関連のさまざまな学会で精力的に活動され，多くの研究業績もあげられて，それと同時にいろいろな学会で後進の指導にも当たられています。

　そのように学会活動をなされるなかで，まず，先生が日本初の観光関連学会である「日本観光学会」とどのようにかかわられたのかについて，うかがいます。

前田　「日本観光学会」という団体が存在して活動していることは，立教大学観光学科の設置申請時に知っており，当時の学会幹事長にも観光学科申請段階にお目にかかっていました。

　立教大学の観光学科設置が文部省に正式に認められると，学会幹事長の方から「学科スタッフに学会に入会してほしい」ことと併せて，「次年度（1968年度）春期大会を立教大学で開催してほ

しい」ことが要請されました。学会開催については，学科長をはじめ観光学科所属専任教員の了解を得たのですが，次期大会をどのような内容・要領で開催するかを検討するため，1967年秋に長崎で開催の「第16回大会」に学科長と私と他1名（計3名）が参加することとなりました。

　開催された大会では，研究発表要旨を収録した『要旨集』が準備・印刷されておらず，全体的に"懇親懇談会"の性格が強い会合であるとの印象をもちました。私が当時所属していた日本心理学会や日本社会心理学会などの所属学会に関する個人的体験を参考にして，できるだけ"学会らしい"会の開催をめざして次回大会の準備にあたりました。その結果，発表要旨の事前提出を求め，編集・印刷した『要旨集』を配付して開催することができました。「やっと学会らしくなった」と評価される一方，「窮屈な会になった」といった批判の声もあったと聞いています。

学会の改革

安村　先生は，「日本観光研究学会」会長の就任時期に，当学会の運営や制度などについて大胆な改革をなされました。それらの改革は，どのような理念や主旨のもとに実践されたのですか。

前田　私が日本観光研究学会第5代会長に就任したのは1994年であって，先に述べた日本観光学会に入会した時からは27年経過しており，日本の観光に関する状況もこの間に大きく変化したことを理解する必要があります。

　この間に，日本人外国旅行者数は急速に増加し1987年に策定した「テン・ミリオン計画」は目標年度よりも早い時期に達成されていました。一方，国土再開発を期待し鳴り物入りで作成さ

れ，話題を集めた「リゾート整備計画」は，1990年代に入ると，それまで続いていた好景気が行き詰まった影響も加わって全面見直しとなりました。その頃から，外国への旅行者と外国からの訪日客とのバランスを図ることに取り組む必要があるとの見方が強まりました。

国内旅行においても，好景気時代が終焉を迎え，旅行者それぞれが納得する旅行内容へ関心が急速に高まってきていました。さらに大規模な自然災害（阪神・淡路大震災，1995年）の発生もあり，〈災害時に観光が果たしうる役割〉についても関心が高まった時期ともなったのです。

私はまず，1994年度研究大会会場を被災地の神戸市に変更し，神戸復興への"貧者の一灯"の役割を果たすこととしました。また翌年の年次総会時の会長記念講演では，「文化観光の勧め」のテーマで"豊かな観光の実現"に向けて取り組むことの重要性を論じました。

安村　先生が阪神・淡路大震災（1995年1月17日）の直後に日本観光研究学会の研究大会会場を急遽変更された，被災地を〈観光で部分的に支援する〉という発想は，その後2001年にアメリカで起きた9.11同時多発テロ事件の直後に，旅行会社H・I・Sが特別企画"We love New York"を実施し，ニューヨークの復興支援を実践した，〈観光による被害地の支援〉という発想につながっています。同様な発想で，2011年3月の東日本大震災後にも被災地への〈支援にふさわしい観光〉の奨励が提案されました。日本観光研究学会全国大会の被災地開催は，"観光の社会的威力"を再発見する発想だったと考えられます。

また，"豊かな観光の実現"をめざす「文化観光の勧め」というテーマは，まさに"観光学の実在根拠"［→第Ⅰ章3-1.］つまり"観光の本質と観光学の存立意義"を探求しようとする〈観光学〉の構想を反映するテーマであると考えられます。しかし，残念ながらこのテーマは，その後の観光学に継承されず十分に実現されなかったようにみえます。

学会の改善点

安村　そして，現在（2019年），日本の観光関連学会全体にたいして，どのような見解をおもちですか。

前田　現在，わが国には観光に関係した学会が数多く存在していると聞いています。そのすべてには入会しておらず，大会に参加したことがあるわけではないのですが，それらのなかには，学術的論議を行うことが主たる目的ではなく，会員相互の親睦親善を図ることに，より主眼が置かれているものもみられ，意味的に異なる表現になりますが，学会ではなく"楽会"と表記するのがより適当なように思われた会もあります。

　近年，最も気になっているのは，学会開催の目的である研究者同士の論議，衝突（collision）をできるだけ避けようとする傾向がみられることです。とくに若い発表者にその傾向が顕著です。〈質問されないようにする〉ために専ら"普通の言葉"を用いることに努めている発表者も多くみられます。さらに，発表者以外にはわかる人が限られていると思われる"特定の場所・地域等での出来事"や"きわめて特異性の強い事例"を取り上げ，あたかも一般性の高い研究対象であるかのように説明する発表もみられます。

　学会が発表者の発表件数をカウントするために開催しているも

のではないことは言うまでもなく，発表会参加者との論議を通して研究内容の向上を図る機会であることを忘れてはなりません。

安村　ご指摘の通りでして，私も日本の観光関連学会の活動状況には，少し失望しています。学会が"研究の錬磨の場"というよりも，先生がおっしゃったように"社交の場"となっているのが残念です。

　私は，20数年前にある学会で学会誌の編集委員長でしたが，あまりに審査の仕方がいい加減なので，自身の短気もわざわいして，その学会を辞めてしまいました。以来，日本の学会運営や論文審査にはよい印象がありません。

　学会を勢いで辞めてしまった直後に先生にご相談したところ「それもひとつの見識だと思う」とおっしゃっていただき，その一言にどれほど救われて私の学究活動の励みになったかしれません。

　余計な話になりましたが，次に日本の"学会運営における問題点"についてもお気づきの点をお話しください。

前田　学会で発表者が聴いてくれた人たちから質問を受け，討論することを避けようとする傾向は，学会の存在意義を否定するものできわめて重大です。その実態をそれぞれ学会は調査・把握し，必要な対策を採る必要があります。現在，発表と質問の時間区切りが必ずしも明確ではないことも質問時間をなくしてしまう条件のひとつであり，発表は発表時間内に限定することを徹底する必要があります。

　さらに重要なのが司会者は進行により積極的に関与することであり，司会者は報告論文を確実に事前読了し，論点となりうる事柄については，会場からの発言に代わって質問することに努めるべきです。

162

安村 先生がいま指摘されたのは，学会発表者が"研究の錬磨"という学会の目的を発表において主体的に遂行し，学会運営者も学会の目的を達成できるように厳格に管理すべきだということですね。このように学会を"研究の錬磨"の場とすることは，日本観光学が発展するために不可欠な学会運営のあり方だと確信します。

　最後に，"学会発表の内容"についてお気づきの点があればお話しください。

前田 何のための研究発表なのかが理解できない研究が多くなっており，将来を危惧しています。学位論文提出の必要条件としての発表の場合や論文本数確保のために発表することは考慮できるとして，"自分の好みや趣味のための研究発表"が増加するのは，観光に関する学術研究の発展を図るという観点からは好ましい傾向であると評することはできません。

　また，最近みられる研究発表の傾向として，〈一般化することより特殊・個別化を志向する傾向〉があるものと考えられます。そのことを端的に示しているのが"○○ツーリズム""△△ツーリズム"と称して〈特定の領域を囲い込もうとする傾向〉です。それらがどのような条件によって成立し，他の周辺領域との異同について十分吟味されたとは言い難いものがほとんどのように考えられます。観光の形態分類は，区分することによって，多様な観光行動を理解するのに役立つと考えられる場合に限るべきです。

　"囲い込む"ために特定の価値評価を取り入れる例もあり，フードツーリズムについて〈土地の味覚を通じて歴史，文化や景色なども体験し，土地の人々のライフスタイルにふれる旅行スタイル〉としたある研究会の"定義"は，もはや形態の分類ではな

く，飲食物の摂取が基本的条件であっても，訪問先での交流を伴わない場合はフードツーリズムに該当しないという奇妙な説明になっています。このような"縄張り主義"は観光研究において意味あるものとは言い難いと思います。

閑話風解説（Ⅳ-5）　学会発表の内容と日本観光学の発展

"学会発表の内容"についての問題は，観光学の発展とかかわる根本的な課題であるので，筆者の私見を述べておきたい。

前田が指摘した〈一般化することより特殊・個別化を志向する傾向〉たとえば"○○ツーリズム"と称して〈特定領域を囲い込もうとする傾向〉は，"観光学の原点"を継承していない問題とも結びつく。それは，これまで前田の〈観光学〉においてみたように，"観光の原点"の研究が探求した，観光学の体系化，つまり観光学の知識構成体を構成しようとする"研究理念"や"研究活動"が，現在の観光関連学会の研究発表に欠落しているということではないか。

〈一般化することより特殊・個別化を志向する傾向〉では"理論構成"がなされていないので，観光学の体系的な知識構成体が生みだされず，結果的に観光学の展開はなくなる。たとえば，"ダークツーリズム"や"コンテンツツーリズム"などを研究対象とする研究では，ユニークで興味深い事例研究の成果も多いが，それらのなかで丁寧な理論的考察がなされている研究成果は少ない。そのために，前田が指摘したように，当該の研究成果が観光研究の他領域に影響をもたらさず，"対象領域の囲い込み"といった事態が現れるのだと考えられる。

"○○ツーリズム"研究は，従来の研究成果の継承や転回による"理論研究"を通して，観光研究の新たな展開につながる。たとえ

ば，マキァーネル（Dean MacCannell）は，"ダークツーリズム"
という言葉を用いていないが，その著書 *The Ethics of Sightsee-ing*（Univ. of California Press, 2011）において，"観光と倫理"と
いう視点から"苦痛の記憶（Painful Memory）と観光"の関係につ
いて論じている。マキァーネルの観光社会学は"観光と倫理"とい
う視点を，1970年代から体系化してきた観光"理論"に結びつけ，
観光研究の他領域の展開にも寄与すると考えられる。

　そして，〈観光学〉も，とくに第II章（〈観光学〉の観光研究）でみ
たように，さまざまなテーマを取り扱いながら，それぞれの研究成
果を"理論"構成を通して体系化し，観光学の展開につなげている。

安村　先生が指摘された点は，日本観光学の発展にとって最重要の
　課題に関係していると考えられます。

　学会運営において，学会発表の適否が，学会誌の査読制度と同
様に，予め判定されてもよいのではないでしょうか。実際に，学
会発表の適否を判定し，発表数を制限して，発表時間と質疑応答
時間を十分に取る，という社会科学系の学会もあると聞きます。
学会は，何といっても"研究の錬磨の場"となるべきだと思います。

3. 観光の原点としての〈観光学〉からの教訓

閑話風解説（IV-6）　観光学の根本的課題
　〈観光学〉研究が形成された"原点"に立ち帰り，観光学の課題
について，具体的な事例から抽象的な見解まで，いろいろな次元の

対話ができた。その結果として，現在（2020年）の観光学が置き忘れてしまった，あるいはいつの間にか失ってしまった"観光学の根本的課題"が，自ずと浮かび上がってきた。

前田の話から私が感じ取った"観光学の根本的課題"は，"観念論的"な基盤の欠陥である。それは，いま観光学を担う，私を含めた多くの観光研究者に看て取れる課題だと思われる。その"観念論的基盤の欠陥"は，〈観光学の原点〉にあった2つの事柄が現在の観光学に欠落しているという疑念から生じた。事柄のひとつは，前田が〈観光学〉の構成に傾注した"観光の学術的探究"を遂行するという"情熱的な研究理念"である。そしてもうひとつは，観光研究の成果を"体系的な知識構成体"に仕上げようとする"真摯な研究活動"である。この2つの事柄が，現在（2020年）の日本観光学に欠けていないだろうか。

本書でのインタヴューを振り返って，〈観光学〉に体現された，前田の観光学における"情熱的な研究理念"と"真摯な研究活動"を今一度まとめてみたい。

まず，観光学の形成にたいして並々ならぬ情熱の溢れる"研究理念"は，日本観光学の形成当初から，〈観光学〉の構築を通して，永年にわたり"観光の研究と教育"に注がれてきた。このことは，第Ⅱ章（〈観光学〉の観光研究）と第Ⅲ章（〈観光学〉の観光教育）において十分に明らかとなった。そして，前田の観光学にもたらした功績は，すでに本書の「はじめに」でも紹介したように，社会的に高く評価されている。

次に前田の"真摯な研究活動"とは，観光研究の成果を"体系的な知識構成体"とするため，学術的な"方法論"に基礎づけられた研究に徹底的にこだわってきたことである。"観光"を心理学から学術的に探究しながら，前田は"観光"の全体像を体系的にとらえ

166

る〈観光学〉を構想した。〈観光研究を学問にしようとする情熱〉は，〈観光学〉の学術的業績によってと同時に，博士号（観光学）授与機関としての大学院教育の創設によって具現されている。

　〈観光学〉の"情熱的な研究理念"と"真摯な研究活動"は，世界の"観光学の原点"においても，同様に看て取れる。たとえば，観光学の形成期に観光研究に邁進し，その後，観光研究を国際的に先導した「国際観光研究アカデミー（International Academy for the Study of Tourism）」が主催した国際会議の第 1 回（1989 年，ザーコパーネ，ポーランド）と第 2 回（1991 年，カルガリー，カナダ）では，それぞれのテーマが"Tourism Alternatives: Potentials and Problems in the Development of Tourism"と"Tourism Research: Critiques and Challenges"であった。後にそれぞれの報告論文集が，1992 年と 93 年に出版されていて〔翻訳：V.L. スミス & W.R. エディントン編著『新たな観光のあり方』青山社，1996 年；D.G. ピアス & R.W. バトラー編著『観光研究の批判的挑戦』青山社，1995 年〕，それらを読むと当時の観光研究者の"情熱的な研究理念"と"真摯な研究活動"が伝わってくる。そして，それらの報告論文集が刊行されたのと同時期の 1998 年には前田が主導した立教大学大学院観光学研究科が創設された。

　1970 年代初めにスタートした観光学の形成は，70 年代から 90 年代にかけて，国際的にも日本国内においても，観光の体系的な知識構成体を成立させたと考えられる（当然，その成立は暫定的であるのだが）。そうした観光学の知識構成体の成立は，観光学形成期の"原点"にあった，観光学の体系的な構築への"研究理念"や学術的な観光研究をめざす"研究活動"によって実現した。そのなかでも，最も整合的な観光の知識構成体が〈観光学〉の研究であるとみなされる。

その後，21世紀を迎える頃に，国内外で多くの研究者が新たに観光研究に取り組むようになったが，とくに日本では，従来の観光研究の成果があまり顧みられていない。観光学を形成しようとした，観光学の体系化に向けた"情熱的な研究理念"も"真摯な研究活動"も，もはや消え失せてしまったようだ。

　観光の"現実"は急速に変容し，そうした観光の現実をとらえようとする"観光学"も当然のことながら変化するが，"観光学の原点"にあった〈観光を探究する研究理念〉と〈研究成果を積み重ねる研究活動〉がなくなると，観光学は系統的に展開しえない。というのも，現実をとらえる学問の"理論的思考"は，現実の変化に伴い，いわゆるパラダイム変革のように"革命的"に転換するとしても，その思考から生みだされる"知識構成体"は"累積的"に蓄積されなければ，"学問の系統的展開"はありえないからだ。

　その系統的展開のためには，〈観光の現実を熱心に探究する研究理念〉と，その研究理念から生み出される〈観光研究の成果を体系的に積み重ねようとする真摯な研究活動〉が不可欠となる。このことは，〈前田観光学〉の形成過程において如実に明らかとなった。

　これまでにみた日本観光学の現状において，観光研究者は"観光学の原点"に回帰し，観光研究の目的と従来の研究成果をしっかりと理解することが重要だと考えられる。そして，〈観光学〉は，その手本となり，典型的な"観光学の原点"となる。

安村　最後に，前田先生から"現代観光の意義"と"観光研究の役割"を総括していただけますか。

前田　"現代観光"は，国民の健康増進をはじめ健康維持などに直結した役割をもち，また国際交流・地域交流などの役割を担って

いることは周知のところです。さらに，国や地域の文化を活用し保存する活動とも密接にかかわる現代観光の意味やその背景などの新たな問題にたいして回答を提出していくことが，観光研究の基本的役割なのです。観光学はその"原点"を踏まえ，さらにそれを超えて展開していかなければなりません。

安村 "現代観光の意味"と"観光研究の役割"を重く受け止めたいと思います。長時間にわたって貴重なお話を聴かせていただき，ありがとうございました。

おわりに

観光学の要諦

　前田勇先生への“聴き取り”を私が躊躇したことは本書の「はじめに」で述懐したが，実際に行ってみると，案の定，筆者の“聴き取り”は至難の業であった。筆者の〈役者〉不足のため，残念ながら先生の主張を十分に“聴き取り”できず，また論意も十分に汲み取れなかったかもしれない。

　しかしそれでも，心理学から展開された前田〈観光学〉の体系は，本書でかなり明瞭になったと思う。そうなったゆえんは，何よりも〈観光学〉が“観光”の多様な事象や特徴を綿密に考察しながら“観光学”の対象領域全体を細部から論理的かつ実証的に構成し体系化した結果であるといえよう。

　とはいえ〈観光学〉は，結局のところ，無尽蔵な知性を具えた前田勇先生が，観光の現実を見渡す広大な構想を抱き，多くの弟子をまとめる強力なリーダーシップを発揮することによって完成されたものである。こうした尋常でない業績を成し遂げた先生にたいする“聴き取り”が，かなり困難であったことは言うまでもない。

　そのようなわけで，最近の観光学が〈観光学の原点〉から学ぶべき本書の結論は，“情熱的な研究理念”と“真摯な研究活動”という“観念論的な箴言”となってしまった面がある。本書のむすびにかえて，この箴言が引き出された〈観光学〉の実際，つまり“情熱的な研究理念”と“真摯な研究活動”が看て取れる〈観光学〉の実

際を次の6点に集約し，あらためて最近の観光学への問題提起を列挙することとしたい。

観光にかかわる知識構成体の構築

　第一に注目すべきは，前田先生の取り組まれたさまざまな研究テーマのすべてが本書で〈前田観光学〉とよんだ観光研究全体へと体系的に包摂される，という点である。それらの研究テーマは，観光の全領域で多岐にわたりながらも，体系的な〈観光学〉という"知識構成体"としてつながっている。

　このことは，観光研究の全体的な知識構成体に無関心であるような，現在の観光研究者の研究姿勢を問い直す手がかりとなる。現在の観光研究をみると，その研究が少なからず学問の体系から単離した，観光事象の個別テーマ，ときに研究者の趣味の範疇にすぎないようなテーマを取り扱っているようにみえる。"観光研究の知識構成体"を構築することは，観光研究の発展にとって急務と考えられる。その構築の意義を〈観光学〉は明確に示唆している。

観光研究と社会科学の方法論

　第二に注目されるのは，〈観光学〉の第一の特徴に関連して，観光研究の知識構成体が，社会科学の典型的な"方法論"にもとづいて導きだされている点である。先生が創出した観光理論は独創的だが，それらの理論の構築には社会科学のオーソドックスな方法論が適正かつ綿密に適用されている。

　先生の観光研究には，心理学から観光心理学を体系化しながら，マーケティング，行動経済学，産業社会学，歴史学，……といった学科の知見や方法が適用された。しかもその方法論は，他分野の断片的な知識や手法の援用ではなく，あらゆる科学分野の方法論が徹

底的に修得され，自家薬籠中のものとなって"自身の方法論"として適用されている。

このように"社会科学の基礎と方法論"を身につけることは，研究者において当然のことであるが，現在の観光研究者にとっては一考すべき課題と思われる。たとえば，観光研究が事例研究を重視する傾向は，従来みられるが，事例研究の前後に十分な思索がなされた研究は少なく，事例研究に理論的考察が結びつけられた研究はきわめて少ない。こうした課題について，〈観光学〉の方法論は多大な示唆を与えるであろう。

観光を取り巻く現実の認識とその情報収集

第三に，〈観光学〉は現代観光を考察するにあたって，観光の現実の背景にある"時代と社会の動向"をつねに把捉し続ける。そうした現実を不断にとらえようとする前田先生の研究姿勢，そして情報収集力，実際に現実をとらえる観察力および洞察力には目を見張るものがある。

先生は，今和次郎の考現学のような日常生活の観察から，メディアの情報，統計データや調査データ，いま流行りのビッグデータ解析まで，ありとあらゆる手法を駆使して情報を収集し記録する。先生の情報量は，観光に限らずあらゆる分野について尋常ではない。そして，研究対象に関連する膨大な情報は，洞察力によって処理され対象事象がモデル化される。

このように〈観光とそれを取り巻く社会状況全体の情報〉にアンテナを張り巡らすという研究態度は，研究能力とともに，観光研究者が意識して身につけなければならない事柄であろう。観光が世界や個別社会のなかで"有意味な社会現象"となり，現実の多くのさ

まざまな領域と相互にかかわる現在では，観光研究者にとって現実のあらゆる領域の情報を収集することは，不可欠といえよう。

観光研究における実在根拠の探究

第四に，〈観光学〉の研究には，第二の特徴でみたように，社会科学の方法論によって研究結果に“客観性”と“妥当性”を確保するのと同時に，研究対象としての〈観光事象を研究することの有意義性〉が，研究全体の根底において追求されている。ちなみに先生は，“観光”を〈個人にとっても社会にとっても“有意義”となりうる事象〉としてとらえている。

このことは，ヴェーバーの社会学認識論に倣えば，〈観光学〉が研究の客観性を確保する“認識根拠”にくわえて，研究対象がもつ意味や価値を考慮する，社会科学に固有の“実在根拠”も追求しているということである。“実在根拠”の追求とは，「観光とは何か」という“観光”の本質を探ることにほかならない。いまの観光研究者は観光研究の“実在根拠”の考察を看過するか，あるいはあえて無視しがちで，“観光”の本質を探ろうとしていない。

観光教育における観光七科の提唱

第五に，先生の大学観光教育構想は，「観光七科」というリベラル・アーツに特徴づけられる。先生の主張される，観光教育の2つの基本課題は，〈コミュニケーション力を高めるための表現力づくり〉と〈科学と芸術の基礎を知ること〉である。

観光七科が示唆する2つの基本課題は，“観光”事象に具わる特質と結びついている。すなわち，“観光”事象を探究する観光研究の成果を“教材”として，学生は〈コミュニケーション力を高めるための表現力づくり〉と〈科学と芸術の基礎を知ること〉について

学修できる。

　しかし，「観光七科」の提唱にもかかわらず，観光学が"観光"事象にアプローチする"ディシプリン（学科）の寄せ集め"といわれる現状において，観光学の実践する大学観光教育の内容が不確定となることは必至である。観光教育のこの難点は議論さえされていない。なかには，観光学から離れた観光実務の実習を中心とした大学教育カリキュラムさえみられる。そのような状況において，先生が観光研究に基礎づけて提唱した「観光七科」の構想は，観光教育の有力な一案として傾聴に値しよう。

研究会の有意義な議論

　第六に，先生は，観光研究の関連諸学会において，観光学の発展につながる活発で有意義な議論を期待する。先生門下の研究会では，学会とは開催の趣旨や目的が多少異なるが，充実した研究発表とその後の活発な議論がなされていて，たいていの学会にはみられない研究者の主体性と全体的な緊張感がある。このように有意義な研究の交流ができる学会運営が，観光関連学会においても期待される。

　先生の私的研究会では，研究会の体制と運営が先生によって調整され，その管理のもとで研究会参加者が自主的に活動する。先生による研究会の管理が研究会の運営に緊張感を生みだすとともに，参加者の主体性を引きだしている。

　観光関連学会においても，学会の代表機関の運営管理によって，各報告者の研究成果が高められながら，それぞれの報告が十分に議論されるようにできなければならない。学会がこのような機会を提供することが，観光研究の成果を向上させ，観光学を発展させるために重要となる。

観光学の原点からの展開

　“情熱的な研究理念”と“真摯な研究活動”によって築かれた前田〈観光学〉は、その原点から今なお進化を続け、〈観光学〉の体系的な知識構成体は新たな展開を遂げている。その展開の象徴的な実践は、1995年以来、観光の現実が変容するのに伴い、四半世紀近くに及び『新現代観光総論』に著された知識構成体の改訂作業である［→ 第Ⅰ章　観光学の出立点 2-3.『現代観光総論』の刊行と刷新］。その知識構成体にもとづき、〈観光学〉は、観光の研究、教育、実践の諸領域で展開され続けている。

研究の展開

　〈観光学〉が研究において進化するポイントは、変化する観光事象とつねに向きあい、新たな学術的視点を措定して観光事象の変容を解明し続けることであり、それと同時に、〈観光学〉の知識構成体は、新たな学術的視点がすえられても、ずっと累積的に拡大し続けていることである。〈観光学〉は新たな視点を導入して革新的・不連続的に理論を創出するが、それにもかかわらず、その知識構成体が累積的・連続的に拡大できる理由は、〈観光学〉の研究において客観性と妥当性をつねに追究する方法論に由来する。その方法論は、すでにみた通りである［→ 第Ⅱ章　〈観光学〉の観光研究 4.〈観光学〉の方法論］。

　実際に、先生が立教大学の専任教員を退かれた2003年以降も、先生の研究活動は精力的に進められている。前田先生の学会（日本観光研究学会）報告題目をみると、2003年・04年「サービス研究の方法と課題」、06年「地域伝統祭事等の観光対象としての限界——片貝まつりの事例」、07年「遍路における接待の意味と役割——日

本における接待の実践」，08 年「観光行動に関するコーホート分析
——団塊世代の行動分析」，09 年「観光行動における同調行動の研
究——新型インフルエンザ報道の分析」というように，〈観光学〉
のテーマは，多岐に展開されている。

　このような多様なテーマの研究には，すべてに共通する特徴がみ
られる。それは，第一に〈研究主題の理論的背景を確立する〉こ
と，第二に〈その理論をフィールドワークによって検証する〉こと，
そして第三に〈実証研究を繰り返して研究結果の信頼性と妥当性を
高めること〉である。これらの特徴は，先生が本書の聴き取りで語
られた観光研究の方法論にほかならない［→ 第Ⅱ章　〈観光学〉の観
光研究 4.〈観光学〉の方法論］。

教育の展開

　〈観光学〉の観光教育も，途切れることなく展開されている。教
育について，前田先生は，本書の聴き取りで語られたように，大学
観光教育の「観光七科」を 2015 年に観光学術学会で提唱された［→
第Ⅲ章　観光研究における観光教育 4-3. 観光七科の構想］。また先生
は，研究者や社会人が〈観光学〉を学び，各自の観光研究を研鑽す
る勉強会として，2006 年から現在（2020 年）まで，毎年 2 回「勇
朋会」を主宰されている。

　さらに，立教大学の観光教育関連では，本書の聴き取りのような
内容を，先生が立教大学観光学部関連のシンポジウムなどで報告さ
れた。たとえば，2018 年 1 月「観光研究所開設 50 周年記念シンポ
ジウム（観光研究所半世紀の歩みとこれからの観光人材育成の課題）」
と 2018 年 11 月立教大学「観光学部・観光学研究科開設 20 周年記
念シンポジウム（観光の近未来を展望する）」では，それぞれ，基調

講演や鼎談者の一人として登壇され，大学観光教育について報告されている。

このように，〈観光学〉は，その研究の原点が広くかつ深く展開されながら，その展開を反映する理想の観光教育が追究されている。

実践の展開

前田先生は，立教大学名誉教授になられた後にも，〈観光学〉にもとづき，いろいろな領域で観光事業などの"実践"にかかわってこられた。その活動領域は，広範であり，その実践的提言はさまざまなメディアにおいても紹介されている。

近年，2016年から現在（2020年）まで，とくに温泉と地域観光振興に関連する"実践"活動に取り組まれた。この活動の開始は，環境省の主催による2016年5月開催の「第1回全国温泉地サミット in 東京（温泉地の現在，そして未来へ）」の基調講演を委嘱されたことが契機となった。このサミットは，従来の温泉資源保護にくわえて"温泉利用の増大"を目的としている。

全国温泉地サミット後，先生は，NPO法人 健康と温泉フォーラム（環境省所管，以下「フォーラム」）の顧問を依頼され，温泉と地域観光振興の実践に取り組まれてきた。「フォーラム」のかかわる第1回全国温泉地サミットでは，2016年4月に熊本地震が発生したため，日本有数の温泉県のひとつである熊本県関係者は欠席したが，その熊本地震の翌年2017年3月，先生は，「フォーラム」の嘱託で，地震によって深刻な打撃を受けた熊本県北部地区の観光資源・施設の状況を調査された（前田勇「菊池の観光資源に関する調査結果および菊池の観光資源とくに菊池温泉活性化について」NPO法人健康と温泉フォーラム，2017年）。

その後も「フォーラム」において，温泉の理解，温泉の有効性を高める利用法などについて，研究や広報の実践的活動にかかわられている。温泉地の地域観光振興について，「温泉発見・開湯伝説の活用」というテーマで 2017 年「『歴史ある温泉』の再生を考える——温泉発見・開発伝説の活用」と 2018 年「五頭温泉郷の温泉発見・開湯伝説と次なる課題」という報告がなされた。

　如上のとおり，〈観光学〉は，観光学の原点であるからこそ，体系的・累積的な知識構成体を形成しつつ，つねに展開し進化し続けると考えられる。

前田〈観光学〉を手がかりとする観光学の原点回帰

　本書では，前田先生自身が〈観光学〉と "観光学の原点とその展開" を語ることで，〈観光学〉の裏側にある端々が垣間見られ，その奥深さがあらためて感知されたものと思う。

　〈観光学〉の形成は，洞察力や集中力といった先生の資質と能力に拠っているので，我々が同様な研究や教育のスタイルをまねることは難しい。もとより，〈観光学〉のスタイルを観光研究者がなぞらえることには，先生自身が望まれるはずもない。先生は，独自の観光研究に専心しつつ，他の観光研究者と切磋琢磨し，後輩研究者の指導を通して，自身の観光心理学とそれを敷衍した〈観光学〉を形成されてきた。

　そこで，我々が〈観光学〉に倣えるのは，観光を科学的に探究する "情熱的な研究理念" と，それを追求し続ける "真摯な研究活動" であろう。それは，1970 年代に観光研究が生まれた "原点" において，多くの観光研究者が有していた研究姿勢であった。現代観光学の第一世代には，その形成期に他の社会科学から〈軽薄な遊

び〉の研究と揶揄されるなかで，観光を"有意味な社会現象"として考察し，その研究を観光"学"とする熱意に充ちた"研究姿勢"があった。したがって，観光研究を"学"に高めた〈前田観光学〉に倣う意味は，"観光学の原点"に立ち帰り，我々がまずは"社会科学の方法論"をしっかりと具え，熱意をもって真摯に"観光"事象を探究することであろう。

付記　本書の作成は2020年4月初め頃に一応の終了をみたが，同年1月に発生した新型コロナウィルス禍によって出版事情が混乱したため，本書の刊行は延期された。その延期の間において，本書にコロナ禍における観光の問題は，取り入れられなかった。

　しかし，先生は，コロナ禍と観光にかかわる状況について資料収集を進められている。2020年6月初め，先生は，新型コロナウィルス感染の社会問題化した同年1月から5月下旬までのコロナ禍と観光関連の資料を勇朋会会員に送付された。〈前田観光学〉よるコロナ禍における観光の問題への取組みは，すでにスタートしている。

　先生は，1995年の阪神・淡路大震災以来，"災害と観光"や"不安の観光への影響"などにかかわるテーマに取り組まれてきた。このテーマについて，先生が日本観光研究学会2005年全国大会シンポジウム「災害と観光」において基調講演「不安心理と観光——風評手控え行動のメカニズム」を報告された。この報告は，"災害と観光"の観光研究に示唆をもたらし，コロナ禍における観光の研究にも多くの手がかりを与えると考えられる。

　2023年3月吉日

安村　克己

付　　録

「観光」に対する期待

前田　勇

1.「観光」に対する現代的期待

　その意味については様ざまな論議があるが，現代社会に「観光」と称されるものが存在することは疑いもない事実である。

　「観光」をレクリェーションのための非業務旅行と解するならば，それはまさに現代のものであり，それは所得の上昇，余暇時間の増加，交通機関の発達と宿泊施設の整備などにつれて，今後ますます広がりを示すであろう。

　「観光」がその規模はともかく，かなり以前からあったとする考えかたは，消費者の問題が商業活動が開始されたときからあったとするのと同様に正しくない。「消費者問題」も「観光」（消費者行動の一つの形態として考えることもできる）も，工業化を中心とする“近代化された”社会の産物と考えることができるのである。

　「観光」を一般大衆が経験しうるだけの社会的・経済的条件が整ってくるにつれて，改めて「観光」の意味と意義が問われるようになってくる。それは，「観光」の流れを高い次元から方向づけようとする試みとして“望ましい観光とは”の論議であり，さらには，「観光」とは人間にとって何なのかという根源的な問いがなげかけられることになる。

　われわれは，「観光」という行動に何を求めようとしているのであろうか。

　アンケート調査等によれば，
　　　○　自然に触れたい
　　　○　未知のものへのあこがれ
　　　○　経験を豊かにする
　　　○　日常生活からのがれる
　　　○　気分の転換
などを「観光」に期待しているようである。

　これらの期待は，現代のわれわれの多くがもっている欲求（社会的な）であるといえよう。

　現代的な欲求についてはしばしば「人間疎外的状況からの回復を求め

る」という表現が用いられる。組織化され合理化された社会は、その構成要素である個人を圧しつぶしてしまう傾向がみられる。また、自然を征服・支配せんとする人類の文明は、人間そのものの特性をもおびやかしつつある。主体性の喪失、変化のなさ、かかる状況からたとえ僅かの時間であったとしても脱出して、本来の人間性を追求せんとする欲求がその根底にあるとされるわけである。

　また、生活における余暇の役割の変化、デモンストレーション効果が生じやすい状況、などの社会的価値意識の変化も指摘されている。

　人間疎外的状況から回復、ということを心理学的にややミクロ的に考察してみると、現代（とくに都市生活）を「感覚遮断的状況」と「行動圏の狭小化」と称してみることができる。

　「感覚遮断的状況」というのはわれわれの五官（外部環境との接触器官）を使用しない状況であり、かかる状況に人間は適応しえないのである。もともと、それは、長時間にわたって単調な環境のもとで勤務する必要がある職種の疲労などを研究するために実験的につくられた状況である。しかし、現代を代表するようなパイロット、レーダー監視員などの環境はこれに該当するし、生産工場などにもかかる職種はふえている。

　実験はアルバイトの学生を被験者とし、半透明のメガネをかけ、手袋をつけて、ベッドに長時間寝ることによって行なわれる。実験室は防音されており弱い単調な音だけが聞こえる。つまり、食事と排泄以外には外界との接触が完全に断たれた環境である。

　かかる環境に長時間耐えられるものはきわめて少なく、早いものは数時間でダウンしてしまう。

　感覚を遮断された環境の中にいると、思考力の鈍化、幻覚をおぼえ、活動水準は一般に低下し、精神状態は非正常になると報告されている。

　現代社会は程度の差こそあれ感覚遮断的状況をつくりだしている。

　東海道新幹線や飛行機旅行が与える精神的疲労感、退屈さの原因には、防音がよく温度が一定で振動が少なく、他の乗客たちとの接触が少ない、という環境の影響が大きいと考えられる。

　人間は刺激の少ない単調な環境に適応しにくい生物なのである。人間としての精神的なバランスをとるためにもこのような環境から時折り脱出を図ることが必要とされよう。

　「行動圏の狭小化」というのは、われわれが日常使用する生活空間が

相対的に小さなものになってきていることを意味している。典型的には工場で働く人が範囲がきわめて小さくなり（流れ作業の場合など），たとえ工場全体は大きくとも自分にとって意味のある場所はごく僅かだけということになっている。

　一般的にいって，仕事の分業化，専門化は日常的行動圏を狭くしやすい。そして，職場における不適応現象（ノイローゼなど）と行動圏の大きさ（自分が自由に動けると思っている範囲）との間には関係がみられ，行動圏の小さいものに不適応現象が多くみられる傾向があるのである。

　われわれは身体の自由を拘束されることに対し激しい苦痛を覚えるが，自由であることのできる範囲が狭いことも精神的に苦痛なのである。

　現代社会における日常的行動圏の縮小という状況において，非日常的行動圏をせめて拡大しようとしているのだということもできるであろう。

　「観光」に対する現代的期待の背景には人間の特性に根ざしたものがあると考えることができよう。

2. 「観光」に対する期待のありかた

　われわれは「観光」に対しさまざまな期待をもっている。いま述べたように現代の社会的状況によって基本的にかなり共通したものがあるであろうし，また，個々の具体的状況によって，個人的な特性によってもさまざまな期待があるだろう。

　そして，なんらかの方法によってその期待を果たそうとし，満足を得る場合もあれば，不満足に終わることもあろう。一般に「観光」に対する期待は単一ではなく複合されているものと考えられるので，満足——不満足の両極は稀れであり，満足からかなり不満足までの間に，「観光」の結果は分布しているといえよう。

　ここで「観光」に何を期待すべきか，という問題を考えてみよう。

　何を期待しているか。何を期待すべきか。この二つは本質的に異なる問題である。

　前者は事実の問題であり，現在われわれが用いている方法上の限界はあるにせよ確かめうる事柄である。これに対し，後者は期待のありかたに関するものであり，何を真とし，何を望ましいとする価値の問題である。

　「観光」における“望ましさ”を論じるにあたっては，価値観の問題

の前に「観光」をいかなる角度からとらえるかを明確化しなければなるまい。事業論的, 現象論的, 行動論的あるいは資源論的それぞれのアプローチによって, "望ましさ"の基準は大きく異るであろう。"望ましさ"を計量的にとらえうる側面もあれば, きわめて困難（不可能といってもよい）な側面もある。それぞれのアプローチにおいて共通して望ましいとされたところに真の望ましい観光がある, などというのは観念的な論議以外の何物でもない。

(1) 何を期待すべきか

さて, ここでは, 何を期待すべきか, を二つに分けて考えてみよう。

一つは, 個々人の「観光」についてであり, もう一つは, 社会現象としての「観光」についてである。

「ひとはさまざまな理由から旅に上るであろう。どのような理由から旅に出るにしても, すべての旅には旅としての共通の感情がある。旅に出ることは日常の生活環境を脱けることであり, 平生の習慣的な関係から逃れることである。」と三木清は「人生論ノート」の中で旅について述べている。そして, さらに「旅においてわれわれはつねに見る人である。平生の実践的生活から脱け出して純粋に観想的になり得るということが旅の特色である。」といっている。

「観光」を日常生活圏から離れて, 主体的に"観よう"とする行動であるとするならば, 上記の三木清の「旅」を「観光」におきかえることも可能であろう。

「観光」の一般的定義を試みることはさして意味あることとは思われない。（この点については後述する）それは大きな可能性をもったものだからである。

われわれは日常生活から脱けだして自己を観るということを「観光」に期待できるのである。自然や文化的遺産や人々を対象とし, それを手掛りとして自己を観ることができるのである。そして, このような可能性をもつ「観光」を多くの人々が行ないうる状況なのである。

芸術鑑賞や友との交わりを通してもわれわれは自己を観なおし, 人間性について考えうる。しかし, 日常とは異る環境においての, 事物との新らしい関係の中においてのそれは豊かな感情反応をも伴ってわれわれに強い影響を与えるであろう。かかる体験が「観光」にこそ期待できるのだとすれば, それこそ"観光に期待すべきもの"だということができ

よう。

　しかし，このような可能性，個人的期待，そしてその達成状況は，あくまでも個々人の内的なものである。

　(2)　社会現象としての「観光」

　一方，社会現象としての「観光」について期待のありかた（何を期待すべきか）を考える時には客観的にとらえうる行動の形態を手がかりとすることが多い。

　個人的なレベルで，期待すべきものとされるのは能動的な姿勢であり，当然に個性的である。この反対の要素，すなわち受動的，画一的をもっている形態は好ましくないものと判定されることとなる。

　団体旅行，セット旅行（パッケージ・ツアー）などは形態からみると否定的要素をもったものと判定されるであろう。これはきわめて誤った一面的評価である。行動形態の類似性がある段階において高くなるのは当然であり，まして一般大衆となっていけばその傾向はより強まるであろう。集団としての行動形態の類似性と個々人の行為の問題とを一緒にしてはならない。

　ある時期に，特定の行先に人々が集中したとしても，個々人が受動的，画一的であるとはいえない。全く独創的な行動形態というものがそれ程あるであろうか。もしあったとしても，それが冒険的であるか，社会通念から著しく離れているような場合以外には社会現象としてとらえられないであろう。

　さまざまな現象の中から類似性や方向性，あるいは特異性を抽出することによって社会現象という把握がなされるのである。

　「観光」行動を成立させる基本的条件であるところの時・金・情報が一般大衆に整ってきた段階においての行動形態の類似は自然のことであり，"人並み意識"の現われでもあろう。

　問題は，類似した行動様式をとることによって，個々人の「観る」態度や何を得るかということまでが画一化されやすい点である。画一化，標準化などの状況からの回復を求め得る「観光」において，それはきわめて残念なことといわねばなるまい。

　しかしながら，それはあくまでも個人の問題である。われわれの現在の食生活が多種多様であり，食糧難の時代とは比較できない程個性的であるように，「観光」も多くの人々が経験するにつれて現在のものとは

186

異った形態になっていくであろう。ともあれ，外見をもって個々人の責任を問う（望ましさの問題を）ことは的をえていないといえよう。

また，観光客（見物客といった方が適当かも知れない）が，きまりきった場所へ出かけたり，同様な対象に集中することに対する否定的見解がある。

多くの人々によって景観として，文化的遺産として優れた対象である・・とされ・・ているもの（＝規定されている）は一般的に最大公約数的であり，われわれの創造性の入りこむ余地が少ないことは事実であろう。しかし，それが観光の対象のすべてではないことはいうまでもないのであって，一つのサンプルと考えるべきであろう。提供する側が代表性があると考えたサンプルである。それが優れた代表性をもつ場合もあれば，誤ったサンプルを用いていることもあろう。

サンプルでは不満足なことを知って最初から自分で別な対象を探そうとする人もいる。しかし，サンプルを見るのは容易であり（逆にいえば容易に見れるようにしてあるサンプルである），多くの人々はまずそこへ行く。そして大部分はそれ以上の対象を求めることなく，また別なサンプルへと移動する。しかし，ある人たちはサンプルを手がかりにさらに新しい対象を求めようと努力するかもしれない。

つまり，一般に観光の対象とされているものを「観る」ことそのものは好ましいか否かの論議の対象ではないのである。

Ｄ・ブーアスティンによると美術館を見学することも否定的評価を受けることとなるが，上記の「サンプル」の意味からいっても一面的な批判である。

彼は，「美術館訪問者は建物いっぱいの文化的遺産を見学するが生きている文化そのものを見ることはない」という。そして，「観光客目当てのアトラクションは，すべて人為的で疑似イベントの性質を持っている」としている（注1）。

ブーアスティンは「疑似イベント」なる用語を使用して，きわめてユニークに現代社会のある様相を明らかにしている。「観光」についても興味深い考察を行なっているが，美術館を優れたサンプルと理解していない点において，また，前述した集団としての行動形態をもってすべてを判定してしまう傾向において疑問がある。

⑶ 生きている文化とは

生きている文化そのものとはいったい何であろうか。文化を産出した自然的環境を求めることはでき得ない。生活と文化が未分離であった状態へどのようにして戻ることができるのであろうか。

現在においても，生きている過程そのものを通してしか理解することが困難な文化もある。しかし，創出された環境から離れても価値をもつものとして美術館や博物館に集められているのである。その意味において文化的遺産はすべて非自然的なのである。

サンプルが適当であるか否か，サンプルを手がかりとして更に多くのものを求め得る可能性があるか，そこが重要であると考える。

観光客目あてのものが人為的で疑似イベントの性質をもっていることは疑いのない事実であろう。そして，ことさらに否定されるべき性質のものとは思われない。文明は多くのものを画一化する。先進国の生活形態には類似が著しい。そしてまた，多くの人々が高水準において同等の生活を営めることこそ望ましいのである。

われわれは変化を求め，差異を求める。自然に失われてゆく差異を保存しようとすれば，それはすでに人為的である。

北海道ではクマを連れたアイヌが踊りをみせてくれる。アメリカの西部には昔ながらの服装のインディアンがいてくれる。これは明らかに人為的なものであるが，われわれに差異を感じさせてくれる。それがどれだけのリアリティをもつか，すなわちアトラクションの価値は保存の度合，稀少性などによって決まるであろう。

文明化の段階のものは民族的・国土的に多くの異る形態をもっており，現在でもその差異は程度の差こそあれ残されている。しかし，文明化された段階から以後のものは国をこえて規格化され同様のものが多くなっている。生産工場の施設や飛行場などはその典型であろう。

それぞれの文化的差異を見極め，適当な保存を図ることは，われわれにとって重要な作業となりつつあるように思われる。それらはわれわれに変化を与えてくれるものだから。

ここでとり上げたのは，疑似的性質のものが否定されるべきではない，ということであって，人為的疑似的なアトラクションの提示方法の適否について論ずるものではない。

いままで考察してきたように，「観光」に対する期待のありかたは個

人的なレベルと現象的なレベルとでは明らかに異る。

　個人的レベルでは人間の一つの可能性の問題であって，各人の意識を高めることと，可能性のある行動がとられやすいような条件の整備が望まれるであろう。それは，きわめて抽象的なものであり，その効果も把握することは困難である。しかし，人類の文化という表現がそうであるように，大きな可能性の認識こそが基本となっているのである。

　これに対し，現象的レベルでは集団の流れの問題であり，観光客と観光諸施設・機関の間の需給関係の調整といってもよかろう。全体としてのスムースな流れ（ありうるかどうかは疑問であるが）は望ましい状態とされるのであろう。集団を構成する個々人については，個人的レベルでの事柄が当てはまるわけであるが，流れを問題とする時には捨象されてしまいやすい。

　「観光」が社会現象であり同時にきわめて個人的なものであり，この相反する観点の間に混乱の原因があると述べたM・ボワイエはこの点に関し次のように指摘している（注2）。

　「観光客の定義を与えるに際して，個人的基準（自由なる個人の内的動機）を用いるが，観光を科学として研究対象にする時われわれが考えているのは集団である。そして，観光の及ぼす経済的効果に注目する時は旅行者の流れを量的にとらえるのみで，決して個人的な行動形態を問題にすることはない」と。

　この指摘は適確であるといえよう。しかし，すべてを包括するような「観光に関する理論体系」がただちに必要であるとはいえない。さまざまな異る角度から，「観光」の意味と意義とがアプローチされることこそが重要なのではないだろうか。

3.「観光」研究における問題

　すべての言葉を厳密に定義することが必ずしも必要ではないように，すぐれて現代的な社会現象であり，人間行動である「観光」を明確に規定することは困難であり，また，さして有効でもないであろう。

　「観光」は多くの角度からアプローチしうるものであり，その多面的な性格に大きな特色があるともいえよう。そのためにこそ各研究観点の確立とそれぞれの角度からの研究対象の明確な規定が要求されるのである。対象と研究方法の明確化なくしては研究の集積は困難であり，計量

的アプローチも行ないえないであろう。

　基本的な問題の一つに，使用用語の明確化がある。「観光」に関する用語には，論者の観点の違いから異る意味・内容を与えられているものが少なくないと思われる。

　観光・行楽のシーズン，観光地，観光客，観光異変，有名観光地の商業主義，etc。

　これらは万国博の影響について述べたある評論からの書き抜きであるが，「観光」の意味がそれぞれ若干違って使われていることは明らかである。

　観光客という呼称は，事業論的観点のものであって，観光事業の提供する財やサービスの購入者・利用者がそれに該当するであろう。職業上の理由による旅行者や滞在客を観光客から除外するという見解もみられるが，何を手がかりとしてその区別を行なうかはあいまいである。外国旅行の際に「観光」のパスポートの交付を受けたものは実際の目的とはかかわりなく観光客とされるのである。むしろ，観光客を居住地以外の国において最低24時間滞在するもの，とする OECD の説明は明確であり有効であろう。それは，観光事業の対象となりうるもの，経済的効果があるものを客観的な（外的な）基準によって規定しているからである。

　しかし，「観光」を人間行動としてとらえる立場からは，すべての観光をする人が観光客とはならない。観光行動の内，そのプロセスにおいて観光事業の利用をした場合に観光客とされるわけであって，既存の観光事業を利用しないケースもありうるのである（注3）。

　「観光」に関係したポピュラーな言葉は，ほとんど事業論的なものであり，否定的なニュアンスを含めて用いられることが少なくない。

　観光価値，観光効果などのあまり一般的でない研究上の言葉になると，「観光」をどのようにとらえるかによって異質の解を求めることになりやすい。

　混乱の理由の一つとして，本来記述的な概念にすぎないものに価値的な意味合いを主観的に混入していることを指摘したいと思う。

　「観光」は人間にとって素晴らしいものだと思う。しかし，その素晴らしさは観光そのものがもっているものではなく，「観光」をある角度からとらえることによって，素晴らしさを認めるのである。われわれが価値を与えるのである。

前述したように，“望ましい観光”も論じる観点によって当然異るであろう。相異る角度からの望ましさの分析とその提起こそが重要なのであって，いずれの観点からの“望ましさ”を上位のものとし，また，最優先するかの判断とは別の次元の事柄なのである。

　「観光」のもっている大きな可能性を特定の価値観によって，こうあるべき，本来こういうものだ，とする考えかたは「観光」に対する研究の姿勢として正しくないといえよう。

　「観光」に関する多くの側面からの事実の収集こそが必要とされよう。OECDの観光客に対する規定のように，ある角度からのアプローチにとって（とってだけであっても）有効な操作的定義を積極的に活用することも必要であろう。

　「観光」研究にとって重要なのは総花的な一般的説明ではなく，“広義の概念における内容の概念化（注4）”であると考える。

4. 「観光」に対する人間的構えについて

　「観光」に対する期待のありかたとして，日常生活を脱けでて「観る」ということの意義について述べてみた。

　「観る」ということは，それによって自分と環境との関係が再構成されたことである。人間の問題としては“変化する”ことといえるであろう。

　この「観る」──「変化する」ということについて，「記憶」という精神的活動を例にとって考えてみよう。

　いわゆる「記憶（Memory）」とは，意識過程での刺激の受けとめであるところの記銘と，記銘された内容のとりだしと弁別を意味する再生・再認などの心的過程を総称したものである。われわれは記憶するために，暗誦したり，くりかえしをしたりする。このような一般にいう“憶える”ことを素記憶と呼んでいる。

　しかし，われわれがすべて憶え込んでしまうことはできない相談であって，そのために人間は道具を使用して記憶する。指に糸をくくりつけるようなものもその一つであるが，文字を使うことによってわれわれの情報の蓄積は飛躍的に増大した。さらには，“記憶用”の道具を作成することがなされる。メモやカードなどから写真機や録音器が誕生する。

　これらの道具を使用した記憶を総称して，道具的記憶（外的記憶）と

名づけ，素記憶（内的記憶）と区別をする。

　文明社会では適当な道具的記憶の手段がつくりだされる。それは，素記憶の不安定性をカバーするためであり，また，受けとめる必要がある情報量がきわめて多いからでもある。素記憶は年齢などの条件によっても異り，一般に個人差が大きい。道具によって，人間の活動は一般に安定化しやすい。しかし，素記憶はすぐれて人間的な精神活動であり，新しい有効な活用を図らなければならないのである。

　コンピューターの場合と同様である。コンピューターが人間が直接かかわっていた仕事を代って受持つとすれば，人間は人間のみがなしうる仕事を探し出し果たさなければならないのである。

　道具的記憶の手段の発達は，内的記憶の領域をより有効に活用する可能性をつくっているのである。内的記憶がなされるためには，ある時点において，積極的に刺激を受けとめようとする態度と努力が必要である。当然それには感情的反応が伴うのである。面白い，楽しいあるいは感激するなどであり，否定的な反応もあるだろう。このようなことは，まさに人間的な努力の成果である。道具的記憶は，われわれがその過程に積極的に参画しなくてもなし得るのである。

　われわれ自身で受けとめねばならないものと，その受けとめる過程そのものを大事にしなければなるまい。

　やや，論理が飛躍するかも知れないが，日常生活からの脱け出し，それは道具的記憶の世界から一時的に離れることであるともいうことができるのである。

　われわれは，意図的にかかる経験を求めることができるような状況を迎えているわけである。

　豊かな感情反応を伴う経験，それこそがわれわれを大きく“変化させる”のである。景色を眺める，自由に眺める。そして自分と景色との関係を考えることが必要なのである。カメラのファインダーを通してしか，新しい刺激の受けとめができないのでは，チャンスを有効に活用したものとはいえないであろう。

　「観光」においては，積極的に「観る」──「変化する」という構えが重要である。その意味で，同一生活様式を強引に持ち込んでいくようなある種の海外旅行団は残念に思う。

　日本人の海外旅行はなってないという。そして，外国旅行の意義をも

っと理解し、対等の立場で他国の文化や生活様式を学び、国際的感覚をもっと豊かにすることが必要だといわれる。この指摘はかなりあたっているであろう。しかし、必要なのは具体的に改善するための方策なのである。一般大衆の自覚をまつ、という発想は知的スノビズムと評されてもやむをえないものである。現に、「観光」に積極的でない（「観る」「変化する」ことへの期待が少なく、その姿勢もないという意味で）ことを十分に知りつつ、あえてそのまま大量に海外に送り出す仕事に従事する人たちの役割と責任こそ論議の対象とされてしかるべきではないかと思う。

　チャンスの有効活用、そのためにこそ「観光」に対するわれわれの構えのありかたが論じられるのであって、一般的な行動様式のありかたに関するエチケットやマナーの問題とは混同すべきではないと思うのである。

5. むすび

　本稿は、「観光」を人間行動の一つの形態とする立場から、「観光」に対する人間の期待をめぐって若干の考察を試みたものである。「観光行動論」の主要課題とされるところの観光欲求の問題などはあえて割愛した（注の3にあげた拙稿を参照されたい）。

　「観光」の人間にとっての意味が、知的に、感性的に「変化する」ことにあるとすれば、変化のプロセスとともに、変化そのものの意味が重要となろう。留学や長期海外旅行の影響は「文化触変（Acculturation）」の問題であり、一般的にいって既存のものと新しいものとの葛藤と選択の問題でもある。

　「観光」に対する多くの研究が「観光」の内容を豊かなものとするであろう。

　未来社会における最大の問題として、物的に十分豊かになりえた人類がなお活力をもち、かつその有効使用を考えうるか、があげられるように、多くの可能性を有する「観光」も急速に一般化した結果として"日常化"してしまい、「観光」に対する期待も低次なものにとどまってしまうかも知れない。しかし、もしそうなったならば、別な人間的な行動が生まれるであろうことを信じたい。

　「観光」における可能性の追求こそ現在の課題なのである。

〈注〉

1. D. J. Boorstin; The Image. 1962.（星野・後藤訳「幻影の時代」—現代社会科学叢書—創元新社 昭和 39 年）邦訳 pp. 110〜114.

2. M. Boyer; La Formation Touristique. The Tourist Review. 1964. No. 3, pp. 96〜108.

3. 拙稿；観光の心理学, 雑誌「観光」29 号, pp. 40〜47.

4. G. Zedek; Die Soziologie im Fremdenverkehr und ihre Nutzanwendung. 1968. No. 3, pp. 86〜93.

　『季刊　horizon』（No.7，観光産業研究所，1970 年，pp. 24〜30）より転載

観光学の今を問う
　―前田勇インタビューからひもとく観光学の原点―

2023年 4 月10日　　第 1 版第 1 刷発行

　　　　　　　　　　　　　著　者　安　村　克　己

　　　　　　　　　　　発行者　田　中　千津子
　　　　　　　　　　　発行所　^{株式}_{会社}　学　文　社

　　　〒153-0064　東京都目黒区下目黒 3 － 6 － 1
　　　電話　(03)3715-1501代　振替　00130-9-98842
　　　　　　　　https://www.gakubunsha.com

乱丁・落丁本は，本社にてお取り替えします。　◎検印省略
定価はカバーに表示してあります。
　　　　　　　　　　　　　　　印刷　新灯印刷㈱
　　　ISBN978-4-7620-3240-0